Piri 2

Das Sprach-Lese-Buch

Erarbeitet von
Kerstin Ende
Angela Hock-Schatz
Sonja Kargl
Ute Schimmler
Karin Schramm
Sabine Trautmann

Ernst Klett Verlag
Stuttgart · Leipzig

Zeichenerklärung:

AH S. 14	Verweis zum Arbeitsheft
S. 20	Verweis zum Lesetext
📖	Verweis zum Leselexikon
④	Differenzierungsaufgabe Sprache
○	Differenzierungsaufgabe Lesen

1. Auflage

1 ⁵ ⁴ ³ ² ¹ | 2012 11 10 09 08

Alle Drucke dieser Auflage sind unverändert und können im Unterricht nebeneinander verwendet werden. Die letzte Zahl bezeichnet das Jahr des Druckes. Das Werk und seine Teile sind urheberrechtlich geschützt. Jede Nutzung in anderen als den gesetzlich zugelassenen Fällen bedarf der vorherigen schriftlichen Einwilligung des Verlages. Hinweis zu § 52 a UrhG: Weder das Werk noch seine Teile dürfen ohne eine solche Einwilligung eingescannt und in ein Netzwerk eingestellt werden. Dies gilt auch für Intranets von Schulen und sonstigen Bildungseinrichtungen. Fotomechanische oder andere Wiedergabeverfahren nur mit Genehmigung des Verlages.

Erarbeitet: von Kerstin Ende, Angela Hock-Schatz, Sonja Kargl, Ute Schimmler, Karin Schramm, Sabine Trautmann

Redaktion: Anke Meinhardt
Herstellung: Marion Krahmer

Gestaltungskonzeption: sofarobotnik, Augsburg
Illustrationen: Anke Fröhlich, Leipzig; Sylvia Graupner, Annaberg; Heike Herold, Köln; Cleo-Petra Kurze, Berlin; Claudia Weikert, Wiesbaden; Dieter Konsek, Wilhelmsdorf
Gestaltung/Auftaktseiten: KASSLER Design, Leipzig

Satz, Reproduktion: Meyle + Müller GmbH + Co. KG, Pforzheim
Druck: Offizin Anderson Nexö Leipzig GmbH, Zwenkau

Printed in Germany
ISBN: 978-3-12-300230-4

Inhalt

Ich mag ...

Am Montagmorgen

❶ Was hast du am Wochenende erlebt?
Erzähle es den anderen Kindern.

Mit dem Echospiel übt ihr, genau zuzuhören:
Bevor ein Kind sein Erlebnis erzählt, wiederholt es,
was das Kind davor gesagt hat.

❷ Führt ein Echospiel durch.

Gesprächsregeln

1. Ich melde mich, bevor ich rede.
2. Ich spreche nur, wenn ich an der Reihe bin.
3. Ich höre anderen genau zu.

---

❸ Warum sind Regeln wichtig?

❹ Findet weitere Regeln für eure Klasse.

Was Piri mag und kann

Ich heiße Piri.
Ich bin ein Wiesel.
Ich möchte dir helfen.
Darum gebe ich dir Tipps.
Ich mache aber auch gerne Unsinn.

❶ Schreibe den Text ab.

② Du kannst ein Bild von Piri malen.

Piri kann gut Fußball spielen.

Piri kann schnell rennen.

Piri kann gut schreiben.

Piri kann ein Buch lesen.

Piri kann gut rechnen.

Piri kann schwimmen.

❸ Schreibe auf, was du alles kannst.
Schreibe so: *Ich kann ...*

S. 21

7

Was ich an dir mag

Die Kinder der 2a kennen sich seit einem Jahr.
Jedes Kind hat aufgeschrieben,
warum es ein anderes Kind besonders mag.

Mit Oleg kann ich gut Fußball spielen.

Ich mag Kübra.
Sie ist immer
lustig.

♥ Ich mag Lars-Helme.
Ich mag Lars-Helme sehr.
♥ Ich mag Lars-Helme sehr gern.
Ich mag Lars-Helme sehr gern,
weil ich ihn liebe.

Alle diese Sätze sind **Aussagesätze**.
Am Satzanfang schreiben wir immer groß.
Aussagesätze enden mit einem **Punkt**.

---

❶ Schreibe ähnliche Sätze über Kinder deiner Klasse.

❷ Lies deine Sätze einem anderen Kind vor.

③ Ihr könnt aus euren Texten ein Buch zusammenstellen.

Was ich
an dir mag

Texte der
Klasse 2a

 S. 20

AH S. 10

Freundschaft

In der Schule

Lotta mag Mona.
Sie möchte neben Mona sitzen.
Aber Mona sitzt neben Anna.
Die Kinder denken nach.

Was nun?

❶ Schreibe den Text ab.

❷ Zeichne die Satzanfänge und die Punkte farbig nach.

> **Abschreiben**
>
> 1. Lies den Text.
> 2. Lies einzelne Wörter.
> 3. Decke sie zu und schreibe sie auf.
> 4. Vergleiche: Hast du alles richtig?

Maro und Timo

Maro ist Timos Freund sie gehen zusammen zur Schule sie
spielen miteinander auf dem Schulhof am Nachmittag lernen sie
auch gemeinsam manchmal haben sie sogar die gleichen Träume

❸ Schreibe die Sätze richtig auf.

❹ Zeichne die Satzanfänge und die Punkte farbig nach.

Schulfest

Lehrer und Kinder planen ein Schulfest.

Die Klasse 2a will Kuchen verkaufen.

Einige Eltern wollen Waffeln backen.

Ein Kind wird Lose anbieten.

Man kann Blumen gewinnen.

Es soll natürlich auch gespielt werden.

Welche Spiele fallen dir ein?

> Menschen, Tiere, Pflanzen und Dinge haben **Namen**.
> Sie werden **Nomen (Namenwörter)** genannt.
> Nomen werden immer **großgeschrieben**.

❶ Schreibe den Text ab.
Unterstreiche alle Nomen.

❷ Kennst du Spiele für ein Schulfest?
Schreibe die Buchstaben eines Spiels untereinander.
Finde zu jedem Buchstaben ein Nomen.

Affe
Name
Gras
Esel
Luft
Name

Pizza
Insel
Rose
Igel

10

AH S. 12

Nach dem Fest

Kuchen 0,40
Torte 0,50
Kaffee 0,50
Waffel 0,20
Glas Saft 0,30
Glas Wasser 0,20

Nomen haben **Begleiter**. Sie werden **Artikel** genannt.
Es gibt die Artikel **der**, **die**, **das**: **der** Mann, **die** Frau, **das** Kind.

---

❶ Welche Dinge siehst du auf dem Tisch?
Ordne die Nomen in eine Tabelle.

der	die	das
der Kuchen		

Alle Nomen stehen in der Wörterliste.

② Du kannst weitere Nomen eintragen.

Alle räumen gemeinsam auf.

▨▨▨▨ Geschirr wird von Maro in ▨▨▨▨ Küche gebracht.

Den Tisch trägt ▨▨▨▨ Vater von Anne in ▨▨▨▨ Klasse.

▨▨▨▨ letzte Kuchen wird an alle Helfer verteilt.

❸ Schreibe den Text mit den passenden Artikeln auf.

Eine Katze für Timo

„Meine Katze hat vier Junge bekommen", sagt Anja eines Tages zu Timo.
„Willst du nicht **eine** Katze haben?"
Timo wünscht sich schon lange **eine** Katze.

Am Nachmittag besucht er Anja.
Die kleinen Katzen kuscheln sich an ihre Mutter.
Timo ist ganz aufgeregt.
Er zeigt auf ein graues Katzenkind und ruft: „Am liebsten möchte ich **die** Katze haben."

❶ Kannst du erklären, warum es manchmal **die** Katze und manchmal **eine** Katze heißt?

Nomen können bestimmte und unbestimmte Artikel (Begleiter) haben. **Bestimmte Artikel** sind **der**, **die** und **das**; **unbestimmte Artikel** sind **ein** und **eine**.

Zu Hause erzählt Timo seiner Mutti:
„Anjas Katze hat vier Junge bekommen.
Sie würde mir ░░░░ Katze schenken.
Ich habe mir ░░░░ kleinen Katzen angeschaut.
Drei Katzen sind rot und eine ist grau getigert.
Ich möchte ░░░░ graue Katze haben."

Heißt es nun eine oder die?

❷ Schreibe mit Artikeln ab, was Timo erzählt.

❸ Unterstreiche die Artikel.

12

AH S. 13/14

Noch mehr Tiere

Pauls Lieblingstier ist ein Elefant 📖.
Er gibt ihm jeden Tag Futter.
Manchmal schlingt er seinen Rüssel
um ihn und hebt ihn auf seinen
Rücken. Das ist sehr hoch,
aber Paul mag es trotzdem.

❶ Wo könnte Paul leben?

❷ Schreibe die Nomen aus dem Text ab.
Male die Anfangsbuchstaben
farbig nach.

❸ Zeigt Bilder von euren Lieblingstieren
und erzählt dazu.

④ Schreibe auf, was du über dein
Lieblingstier weißt. 🐿 S. 21 ⟩

Ich finde Pinguine niedlich. Sie können auf dem Bauch über das Eis rutschen.

Ben

Mein Lieblingstier ist mein Hund. Hunde sind gehorsam. Mit Hunden kann man kuscheln. Sie sind süß.

Lisa

Abc-Spielereien

A B C D E F G H I J K L M N O P Q R S T U V W X Y Z

A und B und C –
ein Hase sitzt im Klee.
D E F G H –
er sitzt sehr lange da.
I J K und L –
dann springt er auf ganz schnell –
M N O P Q –
und ist davon im Nu.
R S T U V –
es rief ihn seine Frau –
W X Y Z –
ins Möhrenfeld, wie nett!

❶ Lerne das Gedicht auswendig.

A B C F G H J K N O P Q S T V X Y Z

❷ Acht Buchstaben fehlen.
Schreibe sie nacheinander auf.
Lies rückwärts.
Welche zwei Wörter entstehen?

 S. 23

AH S. 15

Noch mehr Abc-Spielereien

HAFER   DER   FRISST   ESEL   GERN

ORANGEN   LAMAS   NIE   PFLÜCKEN   MÖCHTEN

❶ Ordne die Wörter in jeder Zeile nach dem Abc.
Was stellst du fest?

② Du kannst auch selbst Abc-Spiele erfinden.

Du kannst deine Wörter in eine Kartei einordnen.

❸ Die folgenden Wörter stehen in der Wörterliste ab Seite 214.
Welches Wort findest du jeweils darunter?
Schreibe es auf. Dabei entstehen zwei Sätze.

winzig   sieht   gelb   zurufen

Wir   *sind*   ...

abwaschen   sind   Eimer   lieben

...   ...

Der kleine Angsthase

Es war einmal ein kleiner Angsthase.
Der wohnte bei seiner lieben Oma,
die leider auch sehr ängstlich war. …
„Angsthase, Angsthase!", riefen die Kinder.
5 Sie wollten nicht mit ihm spielen.
Da aber weinte Angsthase bitterlich.
Er war sehr unglücklich.
„Du musst deine Angst überwinden",
sagte der gute Onkel Heinrich.
10 „Sei einfach nicht mehr ängstlich."
Das war leicht gesagt.
Angsthase spielte lieber mit dem kleinen Ulli.
Eines schlimmen Tages
schlich der böse Hasenfeind ins Dorf: der Fuchs!
15 Die Hasen rannten schnell davon.
So schnell sie konnten.
Sie versteckten sich in den Häusern.
Der kleine Angsthase und der ganz kleine Ulli
rannten auch.
20 Aber der ganz kleine Ulli konnte nicht so schnell laufen.
So fing der böse Fuchs den kleinen Ulli-Hasen.
„Der böse Fuchs frisst meinen kleinen Ulli!",
rief der Angsthase laut. „Was soll ich machen?"
Er war einfach nicht mehr ängstlich
25 und griff den Fuchs am Schwanz.
Da war Ulli frei.
Der böse Fuchs aber fletschte die Zähne
und drehte sich und wälzte sich. …

Elizabeth Shaw

● Wie könnte die Geschichte weitergehen?

Sabine

Wenn Sabine Hunger hat,
dann sagt sie:
Ich habe Hunger.

Wenn Sabine Durst hat,
dann sagt sie:
Ich habe Durst.

Wenn Sabine Bauchweh hat,
dann sagt sie:
Ich habe Bauchweh.

Dann bekommt sie zu essen,
zu trinken und auch
eine Wärmflasche auf den Bauch.

Und wenn Sabine Angst hat,
dann sagt sie nichts.

Und wenn Sabine traurig ist,
dann sagt sie nichts.

Und wenn Sabine böse ist,
dann sagt sie nichts.

Niemand weiß,
warum Sabine Angst hat.

Niemand weiß,
warum Sabine traurig ist.

Niemand weiß,
warum Sabine böse ist.

Niemand kann Sabine verstehen
und niemand kann Sabine helfen,
weil Sabine
nicht über Sabine spricht.

Marianne Kreft

● Kannst du Sabine helfen?

● Mit wem sprichst du, wenn du traurig bist?

Das wünsch' ich mir

Ich möcht' ein bisschen glücklich sein.
Ich möchte mich mit andern freun.
Ich wünsch' mir, dass mich jemand fragt:
„Wie geht es dir?", und einfach sagt:
„Ich mag dich und bin gern bei dir!"
Das wünsch' ich mir!

Rolf Krenzer

Wen du brauchst

Einen zum Küssen und Augenzubinden,
einen zum Lustige-Streiche-Erfinden.
Einen zum Regenbogen-Suchen-Gehn
und einen zum Fest-auf-dem-Boden-Stehn.
Einen zum Brüllen, zum Leisesein einen,
einen zum Lachen und einen zum Weinen.
Auf jeden Fall einen, der dich mag,
heute und morgen und jeden Tag.

Regina Schwarz

Sofie hat einen neuen Pullover S. 29

Oma hat Sofie einen neuen Pullover geschenkt.
Er ist knallrot und hat einen Rollkragen.
Sofie findet den Pullover schön.
Die werden in der Schule staunen!
5 Auf dem Stuhl sitzt sie ganz gerade,
damit man den Pullover auch gut sieht.
In der Pause spielt sie nicht mit,
damit der Pullover nicht schmutzig wird.
Aber keiner sagt etwas,
10 nicht mal Frau Heinrich.

Am nächsten Tag will sie den Pullover
nicht mehr anziehen.
„Du spinnst wohl", sagt Sofies Mutter.
„Nein, ich spinne nicht", sagt Sofie.
15 „Keiner mag den Pullover."
„Wieso?", fragt Mutter.
„Keiner hat was gesagt."
„Hör mal", sagt Mutter,
„du hast mir doch erzählt:
20 Olli hat so schöne neue Stiefel.
Hast du ihm was dazu gesagt?"
„Nein", sagt Sofie.

Peter Härtling

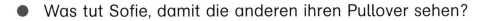

● Was tut Sofie, damit die anderen ihren Pullover sehen?

● Warum möchte Sofie den Pullover nicht mehr anziehen?

● Ist es wichtig, etwas Schönes anzuhaben?

19

Weißt du eigentlich,
wie lieb ich dich hab?

„Rate mal, wie lieb ich dich hab",
sagte der kleine Hase zum großen Hasen.
„Oh", sagte der große Hase,
„ich glaub nicht, dass ich das raten kann."
„So sehr", sagte der kleine Hase
und breitete seine Ärmchen aus,
so weit er konnte.
Der große Hase hatte viel längere Arme.
„Aber ich hab dich sooo sehr lieb",
sagte er.
Hm, das ist viel,
dachte der kleine Hase.
„Ich hab dich lieb,
so hoch ich reichen kann",
sagte der kleine Hase.
„Ich hab dich lieb,
so hoch ich reichen kann",
sagte der große Hase.
Das ist ziemlich hoch,
dachte der kleine Hase.

Text von Sam McBratney, Illustrationen von Anita Jeram

Lieblingstiere

Thomas bekommt
eine Katze geschenkt.
Die Katze ist schwarz
und hat weiße Pfötchen.
Lotta sagt:
„Bring die Katze doch mal mit,
dann kann sie mit meinem Vogel
spielen.“

● Wie wird Thomas sich entscheiden?

Wiesel

Alle Wiesel sind flinke Raubtiere.
Die großen Wiesel sind etwa so lang
wie Eichhörnchen.
Ihr Fell ist am Rücken braun
und am Bauch weiß.
Die Schwanzspitze ist schwarz.

Es gibt mehrere Wieselarten.
Wenn es im Winter kalt ist,
wird das Fell der Wiesel weiß.
Nur die Schwanzspitze bleibt
bei den meisten Arten schwarz.
Wird es im Winter nicht so kalt,
bleibt das Wiesel am Rücken braun.

● Warum wird das Fell im Winter wohl weiß?

AH S. 17

Zungenbrecher

Wenn Fliegen hinter Fliegen fliegen,
fliegen Fliegen hinter Fliegen her.

Wenn ich weiß, was du weißt,
und du weißt, was ich weiß,
dann weiß ich, was du weißt,
und du weißt, was ich weiß.

● Lies die Zungenbrecher so schnell wie möglich vor.

Lauter Unsinn

Am Abend arbeiten alle Ameisenbären 📖 .

Viele Vögel verderben viele Vogelhäuschen.

Wilde Wiesel wackeln wendig wie Wackelpudding.

Klara kann komische kalte Kaugummis klein kauen.

● Fällt dir an den Sätzen etwas auf?

● Denkt euch gemeinsam Zungenbrecher oder Unsinnsätze aus.

AH S. 18

Anja ärgert sich S. 29

Die Klasse 2c hat eine neue Sportlehrerin.
Alle Kinder sollen laufen.
Die Lehrerin stoppt die Zeit.
Sie hat eine Liste
5 und ruft die Namen nacheinander auf.
Anja ärgert sich.
Sie wartet schon ewig.
Zuerst kommen die Jungen an die Reihe,
dann die Mädchen.
10 So ist es immer.
Außerdem heißt Anja mit Nachnamen
auch noch Webel.
Das W kommt im Alphabet ganz weit hinten.
Anja geht zur Lehrerin:
15 „Können wir nicht einmal mit den
Mädchen anfangen?
Warum muss es immer nach den
Nachnamen gehen?
Ich finde unsere Vornamen viel schöner."
Da muss die Lehrerin lachen.

Sabine Trautmann

Das Abc im Rückwärtsgang

Kennst du das ZYX?
Für den Könner ist das nix.
WVU, TSRQ.
Siehst du wohl, das geht im Nu.

PONM, LKJI.
Aufgepasst! Das schadet nie.
Noch mal Gas, dann sind wir da:
HGFE, DCBA.

Josef Guggenmos

Wörter

❶ Welche Wörter passen zu den Bildern?
Schreibe die Wörter auf.

Hum-   Mut-   Mäd-
        -mel   -ter   -chen
Him-   Va-   Mär-

        -se   -sche   -me
Wie-   Kir-   Blu-
        -sel   -che   -se

❷ Schreibe auch die anderen Wörter auf.

③ Du kannst Bilder zu den Nomen malen.

❹ Wie heißen die Wörter in der Wörterschlange?

❺ Suche die Wörter in der Wörterliste.

Die Wörter werden alle großgeschrieben.

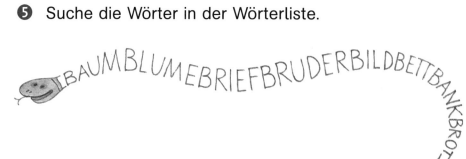

BAUMBLUMEBRIEFBRUDERBILDBETTBANKBROT

❻ Schreibe die Wörter auf.

Sätze

Lena sitzt am Bett.	Da steht eine Blume.	Lena malt einen Baum.
Lena steht am Baum.	Da liegt ein Heft.	Lena malt eine Blume.
Lena sitzt am Tisch.	Da liegt ein Ball.	Lena schreibt.

❶ Welche Sätze passen zu den Bildern?
Schreibe die passenden Sätze auf.

sieben   rechnen   heiße   esse

Ich ▨▨▨ Leo.

Ich bin ▨▨▨ Jahre alt.

Ich ▨▨▨ gern Nudeln.

Ich kann gut ▨▨▨.

❷ Schreibe die Sätze mit den passenden Wörtern auf.

Anna mag Eis
Anna mag Eis mit Sahne
Anna mag Eis mit Sahne und Obst

❸ Schreibe den Text richtig auf.

❹ Zeichne die Satzanfänge und
die Punkte farbig nach.

⑤ Du kannst ähnliche Sätze schreiben.

Es fehlen ja
alle Punkte.

Nomen und Artikel

Die Kinder der 2a haben mitgebracht,
was sie besonders mögen.

Lea legt eine Kette auf den Tisch.

Timo mag seine Puppe,
aber er bringt lieber sein Auto mit.

Katrin spielt gerne Ball.

Maro will seinen Computer mitbringen,
doch das darf er nicht.
Darum stellt er ein Spiel vor.

❶ Schreibe den Text ab.

❷ Zeichne die Satzanfänge und die Punkte farbig nach.

❸ Unterstreiche, was die Kinder mitbringen.

❹ Ordne die unterstrichenen Nomen
nach dem Artikel in eine Tabelle.

der / ein	die / eine	das / ein

Tom geht in ▒▒▒▒ 2. Klasse.
Er hat ▒▒▒▒ Hund.
▒▒▒▒ Hund heißt Max.
Tom wünscht sich ▒▒▒▒ Fahrrad
zum Geburtstag.
▒▒▒▒ Fahrrad soll blau sein.

❺ Schreibe den Text mit den passenden Artikeln ab.

❻ Zeichne die Satzanfänge und die Punkte farbig nach.

Das Abc

A B C R D E F I G H C I J K L H M
N T O P Q R I S T U V W G X Y Z

❶ Sieben Buchstaben passen nicht an dieser Stelle in das Abc.
Schreibe sie nacheinander auf.
Welches Wort entsteht?

❷ Welche zwei Buchstaben stehen nach: F, L, O, T, V?
Schreibe so: *F G _ , L _ _ , …*

❸ Welche zwei Buchstaben stehen vor: K, R, U, T, Y?
Schreibe so: *_ J K , _ _ R , …*

Affe	Maus	Kamel	Pferd	Seelöwe	Vogel
Fisch	Bär	Igel	Nashorn	Tiger	Wal
Hund	Elefant	Giraffe	Löwe	Zebra	Qualle

❹ Schreibe alle Tiernamen nach dem Abc geordnet auf.

❺ Welche Tiere kennst du aus dem Zirkus? Schreibe die Namen ab.

Arbeit mit der Wörterliste

Baum   Buch   Haus   Katze   Schule   Bild   Vogel

❻ Suche diese Wörter in der Wörterliste.
Schreibe so: *der Baum S. 214, …*

Sätze bilden

Lotta und Maro rechnen	zusammen ein Bild.
Die Kinder singen	die Aufgabe.
Anna und Max spielen	Sport.
Wir malen	gerne Lieder.
Alle mögen	in der Pause auf dem Hof.

❶ Schreibe sinnvolle Sätze.

Inderschuleschreibtpiridenkinderneinenbrief.
Dielehrerindarfdenbriefnichtlesen.

❷ Schreibe die Sätze richtig auf. Achte auf die Nomen.

Mein Name ist Lotta ich gehe in die 2. Klasse ich singe gern darum will ich einmal Sängerin werden ich male oft vielleicht werde ich auch lieber Malerin.

❸ Schreibe die Sätze richtig auf.
Beginne am Satzanfang groß und
setze am Satzende einen Punkt.

❹ Zeichne die Satzanfänge und Punkte farbig nach.

In der Schule

Nun gehen wir in die 2. Klasse.
Alle lesen, schreiben und rechnen.
Lotta will lieber singen und malen.
Sport mögen alle Kinder.
In den Pausen spielen wir auf dem Hof.

❺ Übe den Text als Diktat.

spielen gehen rechnen singen wollen – will schreiben

Sofie hat einen neuen Pullover S. 19

Oma hat Sofie einen neuen Pullover gestrickt.
Oma hat Sofie einen neuen Pullover geschenkt.

Er ist bunt und hat einen Rollkragen.
Er ist knallrot und hat einen Rollkragen.

Sofie findet den Pullover schön.
Sofie findet den Pullover blöd.

Am nächsten Tag will sie den Pullover nicht mehr anziehen.
Am nächsten Tag will sie den Pullover noch einmal anziehen.

Olli hat so schöne neue Stiefel.
Olli hat so schöne alte Stiefel.

❶ Schreibe die zutreffenden Sätze auf.

Anja ärgert sich S. 23

Die Klasse 2c hat *eine neue Sportlehrerin/einen neuen Sportlehrer.*

Zuerst kommen die *Jungen/Mädchen* an die Reihe,
dann die *Mädchen/Jungen.*

Das W kommt im Alphabet ganz weit *vorn/hinten.*

Warum muss es immer nach den *Vornamen/Nachnamen* gehen?

Da muss der *Lehrer/die Lehrerin lachen/weinen.*

❷ Schreibe den Text mit den zutreffenden Wörtern ab.

29

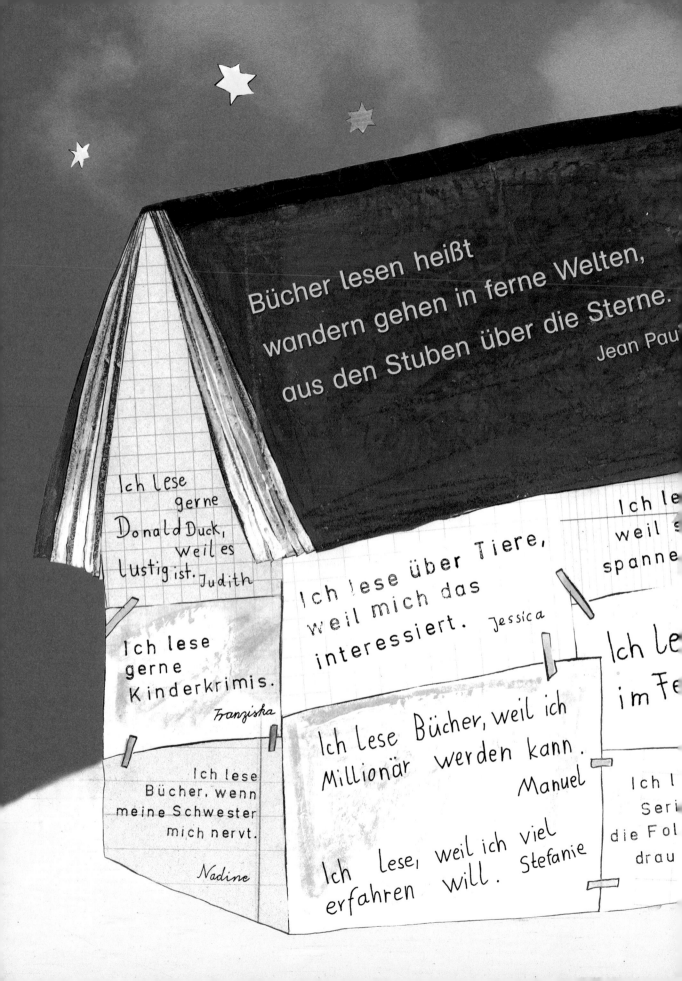

Lesen und schreiben

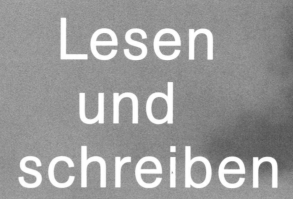

...erne Bücher,
...ustig und
...sind. Vanina

...wenn es nichts
...ehen gibt.
LUKAS

...ücher über
...eil ich dann
...enne und
...ielen kann.
Fabian

Die Bücherei

In der Bücherei gibt es viele Bücher.
Damit man die einzelnen Bücher leichter findet,
sind sie nach Bucharten und dem Abc sortiert.

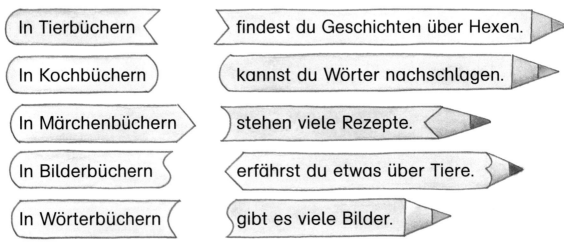

In Tierbüchern — findest du Geschichten über Hexen.

In Kochbüchern — kannst du Wörter nachschlagen.

In Märchenbüchern — stehen viele Rezepte.

In Bilderbüchern — erfährst du etwas über Tiere.

In Wörterbüchern — gibt es viele Bilder.

❶ Schreibe die richtigen Sätze auf.

❷ Kennst du noch andere Bucharten?

③ Sprecht in der Klasse über eure Lieblingsbücher.

AH S. 19

Die Klassenbücherei

In der Klasse von Lotta und Maro
gibt es eine Klassenbücherei.
Die Kinder legen für jedes Buch
eine Karte an und ordnen sie
nach dem Abc.

❶ Ordne die Bücher nach dem Titel 📖.
   Schreibe die Titel nach dem Abc geordnet auf.

> Wenn man Wörter mit gleichen Anfangsbuchstaben nach
> dem Abc ordnen will, muss man den zweiten, dritten …
> Buchstaben vergleichen.
>
> Madita   Pippi   Riese
> Michel   Piraten   Ritter

② Ihr könnt eine Klassenbücherei einrichten.
   Ordnet die Bücher nach den Titeln oder
   den Autoren/Autorinnen 📖.

③ Schreibt zu den Büchern Lesekarten.

```
Titel: Madita
Autor/in: Astrid Lindgren
ausgeliehen:
von        | am
Lena       | 20. 10.
Tim        | 10. 11.
```

🐴 S. 48 >   🐸 S. 50/51 >

Meine Bücher

Ich liebe meine Bücher,
jedes Buch ist ein Haus.
Die Leute darin
kommen heraus.

Es kommen zu mir
Bettler, Prinz und Pilot,
Max und Moritz,
Schneeweißchen und Rosenrot.

Josef Guggenmos

❶ Sprecht über eure Lieblingsbücher.

❷ Schreibe auf, wer aus deinen Büchern herauskommt.

Maro hat die Figuren 📖 aus seinen Büchern
am Computer aufgeschrieben. Dabei hat er
einige Buchstaben weggelassen.

❸ Welche Buchstaben musst du einsetzen?
Schreibe die Wörter vollständig auf.

> **A, e, i, o, u** nennt man **Vokale (Selbstlaute)**.
> Alle anderen Laute des Abc heißen **Konsonanten (Mitlaute)**.
> Bei ihnen klingen Vokale mit.

④ Ihr könnt Figuren aus Büchern oder
Filmen ohne Vokale aufschreiben.
Lasst eure Nachbarn raten.
Beispiel: *W. ld. K. rl.*

Man kann die Vokale auch Könige nennen.

 S. 40

AH S. 20

Was fehlt hier?

:::ngeln :::ffen :::nanas?

:::ssen :::sel :::rdbeeren?

:::mpfen :::ndianer :::gel?

:::rdnen :::chsen :::rden?

:::ntersuchen :::hus :::hren?

❶ Welche Buchstaben fehlen?
Schreibe den Text vollständig auf.

② Ihr könnt gemeinsam solche Sätze erfinden.

> In jedem Wort kommt mindestens ein Vokal vor.
> In jeder **Silbe** steht ein **Vokal**: **O**bst, **A**pfel, **Me**l**o**ne.

H:::se	N:::del	T:::nte
H:::se	N:::del	T:::nte
Sch:::le	W:::nne	P:::ppe
Sch:::le	W:::nne	P:::ppe

❸ Schreibe die Wortpaare mit passenden Vokalen auf.

❹ Male die Vokale farbig nach.

❺ Setze die Silbenbögen.

⑥ Du kannst Piris Reim lernen.

A E I O U –
das Buch les' ich im Nu.
A E I O U –
es lässt mir keine Ruh!

🐟 S. 41

Briefe schreiben

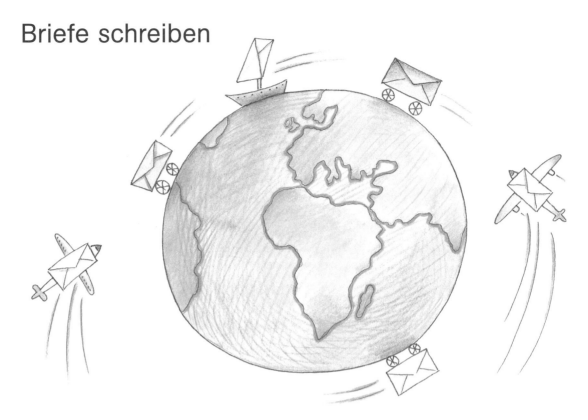

Jährlich verschicken wir viele Briefe, Postkarten und Pakete.
Diese legen dabei oft lange Strecken zurück.
Von Reisen schreiben wir gerne Ansichtskarten.
Alle Länder haben eigene Briefmarken.

Nomen können in der **Einzahl** (Singular) stehen:
der Brief (**ein** Brief)
oder in der **Mehrzahl** (Plural):
die Briefe (**mehrere** Briefe).

---

❶ Schreibe den Text ab.

❷ Unterstreiche alle Nomen.

❸ Trage sie in eine Tabelle ein.
Ergänze die Einzahl.

Einzahl	Mehrzahl
...	die Briefe

④ Hast du selber schon einen Brief oder eine Karte geschrieben?

Viele Kinder schreiben gerne Briefe.

Auch Lotta nimmt ein Blatt Papier.

Sie schreibt an Maro.

Sie will später mit ihm auf der Wiese spielen.

Das macht ihr immer riesigen Spaß.

Sie ist gespannt, was er antwortet.

❺ Schreibe den Text ab.

So könnt ihr den Text zu zweit üben:

1. Lest euch den Text beide gut durch.
2. Ein Kind liest langsam vor, das andere schreibt.
3. Kontrolliert den Text und berichtigt die Fehler.
4. Nun kann gewechselt werden.

---

❻ Unterstreiche alle Wörter mit Sp/sp und schreibe sie ab.

❼ Schreibe alle Wörter mit Sp/sp aus der Wörterliste ab.

❽ Unterstreiche alle Wörter mit ie und schreibe sie ab.

Oft wird ein lang gesprochenes i als ie geschrieben:
Br**ie**f, l**ie**b, sp**ie**len.

---

❾ Ergänze jeweils ie und schreibe die Reimpaare ins Heft.

l▨▨gen   W▨▨ge   s▨▨   D▨▨b

s▨▨gen   L▨▨ge   d▨▨   l▨▨b

Ich l i e be Post!

🐾 S. 42/43

Ein Brief von Finja

Lieber Maro,

Letztes Wochenende war ich mit Papa auf einem Bauernhof. Da gab es viele Kühe. Ich durfte sie füttern.
In der Nähe war ein großer Teich. Dort haben wir viele Enten, Gänse, Schwäne und andere Vögel beobachtet. Auch Frösche haben wir gesehen.

Liebe Grüße deine Finja

Wo stehen die Lämmer?

❶ Warst du auch schon auf einem Bauernhof?
Erzähle darüber.

❷ Finja hat in ihrem Brief viele Nomen in der Mehrzahl verwendet.
Schreibe sie zusammen mit der Einzahl in dein Heft.
Was fällt dir bei a, o, u auf?

> Bei manchen Nomen kann in der **Mehrzahl** aus einem Vokal
> ein **Umlaut** werden: a → ä, o → ö, u → ü.

Dorf   Stadt   Fluss   Hof   Huhn   Hahn   Lamm   Bach   Kalb

❸ Schreibe die Nomen in der Einzahl und in der Mehrzahl auf:
das Dorf – die Dörfer, ...

🐾 S. 43 ⟩

AH S. 23

Maro antwortet

Liebe Finja,
vielen Dank für deinen
Brief. Du hast ja tolle
Sachen erlebt.
Hast du auch Fotos
von den Tieren gemacht?
Bis bald,
   dein Maro

An

Finja Weber
Waldstr. 4
65419 Bergdorf

❶ Worauf sollte Maro in Zukunft achten?
   Was fällt dir auf?

> Wenn ein Wort nicht mehr in eine Zeile passt, musst du es
> trennen oder eine neue Zeile beginnen: le – sen, hö – ren.

❷ Trenne die Nomen.
   Schreibe so: *die Läm-mer, ...*

Lämmer   Kälber   Kühe

Gänse   Vögel   Schwäne

Klatsche
die Silben.

❸ An wen könntest du schreiben?
   Denke immer an die Anschrift 📖,
   die Anrede und deine Unterschrift.

④ Ihr könnt einen Briefkasten für eure Klasse basteln.

🐿 S. 41 >

AH S. 24

Zauberspruch

Wie man das E wegzaubern kann

Ene mene Ententanz,
E entfern dich, und zwar
ganz.
Ene mene Entendreck,
5 E entfern dich,
geh schnell weg.

Manchmal klappt der Zauberspruch nicht ganz, und das E wird
entfernt, aber durch ein A ausgetauscht. Das klingt dann so:

Ana mana Antantanz,
10 A antfarn dich, und zwar
ganz.
Ana mana Antandrack,
A antfarn dich,
gah schnall wag.

15 Manchmal entsteht so ein neuer Zauberspruch, der das A wegzaubern soll und dann durch ein U ersetzt wird:

Unu munu Untuntunz,
U untfurn dich, und zwur
gunz.
20 Unu munu Untundruck,
U untfurn dich,
guh schnull wug.

Natürlich kann man diesen Zauberspruch auch dafür verwenden,
dass das U weggezaubert werden soll und dann durch ein O oder I
25 ersetzt wird. Probier es aus.

Erwin Grosche

Paul Maar

Silbenklatschen

Hurra, hurra wir klatschen viel.
Das ist ein tolles Silbenspiel!

Im Theater wird geklatscht, wenn ein Stück vorbei ist und
man sich bei den Schauspielern bedanken will.
Klatsche im Rhythmus.

Dan-ke-schön,
Auf Wie-der-sehn.
Eu-er Stück
war wun-der-schön.
Dan-ke-schön,
wir klat-schen laut
ha-ben ger-ne zu-ge-schaut.

Erwin Grosche

Post für den Tiger S. 57

Einmal als der kleine Bär wieder zum Fluss angeln ging, sagte der kleine Tiger:
„Immer wenn du weg bist, bin ich so einsam. Schreib mir doch mal einen Brief aus der Ferne, damit ich mich freue, ja!"

„Ist gut", sagte der kleine Bär und nahm gleich blaue Tinte in einer Flasche mit, eine Kanarienvogelfeder, denn damit kann man gut schreiben. Und Briefpapier und einen Umschlag zum Verkleben. Unten am Fluss hängte er zuerst einen Wurm an den Haken und dann die Angel in das Wasser.

Dann nahm er die Feder und schrieb mit der Tinte auf das Papier einen Brief:

„Lieber Tiger!
Teile dir mit, dass es mir gut geht.
Wie geht es dir? Schäle inzwischen
die Zwiebeln und koch Kartoffeln,
denn es gibt vielleicht Fisch.
Es küsst dich dein Freund Bär ..."

Janosch (gekürzt)

○ Was könnte der kleine Tiger seinem Freund zurückschreiben? Du kannst dir einen Brief ausdenken.

 AH S. 26

Der Brief

Es kommt von mir,
es geht zur dir.
Es ist kein Mensch,
es ist kein Tier.
Es ist nur dies:
ein Stück Papier.

Ein Stück Papier,
jedoch es spricht.
Es bringt von mir
dir den Bericht:
Ich hab dich lieb,
vergiss mich nicht.

Josef Guggenmos

○ Du kannst das Gedicht auswendig lernen.

So kannst du ein Gedicht auswendig lernen:

1. Lies den Text mehrmals laut.
   Versuche dabei, betont zu lesen.
2. Schließe nun die Augen.
   Kannst du die ersten Zeilen schon auswendig?
3. Lies so oft, bis du den ganzen Text auswendig kannst.

○ Du kannst das Gedicht abschreiben und schön gestalten.

Xaveria Rotpelz, die Bücherkatze S. 57

Die Bücherkatze Xaveria Rotpelz
verbringt die meiste Zeit des Winters
in einer gut geheizten Dachkammer.
Dort liegt sie in einer Hängematte und liest.

5 Die fünf Mäuse,
die auch auf dem Dachboden wohnen,
haben nichts zu befürchten.
Hier oben ist ewiger Friede –
hier wird gelesen!
10 Sogar die Fliegen und die Motten
lesen in dieser Dachkammer
winzige Insektenromane.
Und die Spinne, die im Gebälk wohnt,
hat schon lange
15 kein Netz mehr gesponnen.
Sie hat keine Zeit dazu,
sie lernt gerade das Abc.

Ganz still ist es
auf dem Dachboden.
20 Man könnte meinen,
hier ist nichts los,
hier langweilt sich jeder.
Weit gefehlt!
Die Stille knistert
25 nur so vor Spannung.

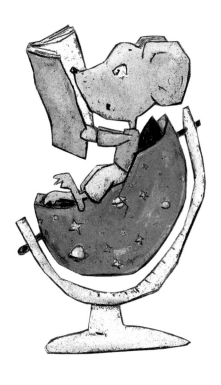

Die Leser sind auf
fantastischer Reise.
Sie sehen Gegenden,
in die man mit keinem Schiff kommt.
30 Sie erleben gefährliche Abenteuer
aller Art.
Sie sehen Länder,
die es gar nicht gibt!
Überallhin kommen sie,
35 es gibt nichts,
das sie aufhalten kann.
Und dabei haben sie es
gleichzeitig urgemütlich.
Bücherlesen ist doch echte Zauberei ...

Erwin Moser

● Wo liest du gerne?

● Was hast du beim Lesen schon alles erlebt?

Schlagzeilen

Charles M. Schulz

● Welche Bücher und Zeitschriften hast du bereits gelesen?
Erzähle darüber.

Das verzauberte Klassenzimmer

Heute ist Samstag und es regnet schon
den ganzen Morgen. Joschi ist sauer, denn er wollte
eigentlich mit seinem besten Freund Benni draußen
Fußball spielen. Eigentlich liest er nicht gerne, aber
vor lauter Langeweile schaut er sich seine Bücher
im Regal an. Auf einem Buchrücken  liest er:
„Das verzauberte Klassenzimmer".
Zögernd nimmt er das Buch heraus und liest auf
der Rückseite den Text. Dieser Rückseitentext
verrät ihm schon etwas über den Inhalt.

**Plötzlich ist sie einfach da –
Inga, die neue Schülerin.
Die Kinder der Klasse 2b
merken schnell, dass Inga
anders ist: Sie kann nämlich
zaubern. Als sie die schaurig
schweren Aufgaben an der
Tafel rechnen soll, beginnt auf
einmal die Kreide zu tanzen …**

„Oh", denkt Joschi, „kann Inga wirklich zaubern?"
Er beginnt zu lesen. Da wird es auch schon spannend:

Die Klasse 2 b hatte gerade Rechnen bei Herrn Grempel.
Da klopfte es. Ein Mann, ein Mädchen und ein Elefant guckten
durch die Tür.
„Ist das hier die Klasse 2b?", fragte der Mann. Herr Grempel nickte
verdattert. „Ich bringe Ihnen eine neue Schülerin", sagte der
Mann. „Meine Tochter Inga."
Inga lächelte. „Viel Spaß, mein Kind", sagte ihr Vater.
„Ich lasse den Elefanten auf dem Schulhof. Vergiss nicht,
ihn zu füttern."

Der Elefant winkte mit dem Rüssel. Ingas Vater verbeugte sich bis zur Erde und verschwand wieder. Inga aber hüpfte zu dem einzigen leeren Platz. Ganz hinten, neben dem dicken Max.

„Na so was!", murmelte Herr Grempel. Dann drehte er sich um – und schrieb ein paar schaurig schwere Aufgaben an die Tafel. Die ersten drei löste Carina, die schnellste Rechnerin der Klasse. Danach kam Inga an die Reihe. „Na, dann wollen wir mal sehen, was du kannst!", sagte Herr Grempel ...

„J o – s c h i!", ruft Mama aus dem Flur, „Benni ist am Telefon und fragt, ob du zu ihm kommen willst." Joschi guckt aus dem Fenster. Es hat endlich aufgehört zu regnen. Aber eigentlich will er wissen, wie die Geschichte weitergeht.

● Wie wird Joschi sich entscheiden?
Was hättest du gemacht?

● Wie könnte die Geschichte von Inga und dem verzauberten Klassenzimmer weitergehen?

Nachdem Joschi „Das verzauberte Klassenzimmer" gelesen hat, überlegt er, welches dieser Bücher er als nächstes lesen möchte.

○ Für welches Buch würdest du dich entscheiden und warum?
Du kannst dich in einer Bücherei über die Bücher informieren.

Dein Lesetipp

- Gefällt dir ein Buch besonders gut? Stelle es deiner Klasse vor.

- Schreibe dazu einen Lesetipp. Drei kurze Sätze genügen.

Joschi macht es mit seinem Buch so:

Lesetipp von: _Joschi_
Titel des Buches: _Das verzauberte_
Klassenzimmer
Autor/in: _Cornelia Funke_

Das passiert in einem Buch: Inga kommt neu
in die Klasse. Sie kann zaubern.
Inga hat einen Elefanten dabei.
Es gefällt mir, weil Inga mit der Zauberkreide
schwere Aufgaben rechnen kann.

Du kannst auch etwas dazu malen.

- Ordnet die Lesetipps in die Lesekartei eurer Klassenbücherei ein.

- Ihr könnt die Lesetipps auf die Rückseite der entsprechenden Lesekarte kleben.

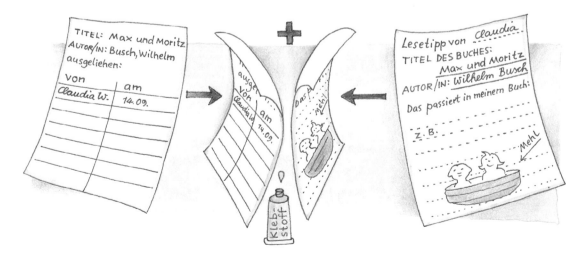

- Ihr könnt mit den Lesetipps ein Klassenplakat gestalten.

Aus dem Leben von Cornelia Funke

Das Buch „Das verzauberte Klassenzimmer"
schrieb Cornelia Funke.
Sie ist die Autorin des Buches und hat
auch die Bilder dazu gemalt.

Cornelia Funke wurde 1958 in Nord-
deutschland geboren, sie lebt aber
heute mit ihrer Familie in Amerika.
Sie hatte schon früh Spaß am Zeichnen
und so studierte sie Buchillustration 📖.

Da ihr aber die Texte oft nicht gefielen, zu denen sie zeichnen
sollte, begann sie eigene Geschichten zu schreiben. So wurde sie
zu einer bekannten Autorin von Kinder- und Jugendbüchern.

Cornelia Funke hat bereits über 50 Bücher geschrieben.
Einige sind auch als Hörspiele oder Hörbücher 📖 erschienen,
andere wurden sogar verfilmt.

Rund um die Bibliothek

Eine Bibliothek ist ein Ort, an
dem Bücher gesammelt und
ausgestellt werden. Dort kannst
du Bücher lesen und ausleihen.
Außerdem findest du hier auch
Comics, Zeitschriften, Hörbücher
und Musik-CDs.

Wenn du etwas aus der Bücherei mit nach Hause
nehmen willst, brauchst du einen Leseausweis.
So weiß man, welche Bücher du dir ausgeliehen hast
und wann du sie zurückgeben musst.

Früher wurde alles mit
der Hand aufgeschrieben.
Heute erfassen meist
Computer die Angaben zu
den Büchern.
Große Büchereien stellen
Informationen über ihre
Öffnungszeiten oder Bücher
ins Internet.

● Wo ist in deiner Nähe eine Bücherei?

● Plant einen Besuch.

● Sammelt Fragen, die ihr stellen könnt.

Jedes Buch, das neu ankommt, erhält eine Nummer und wird in einen Katalog eingetragen. Danach ordnet die Bibliothekarin das Buch in das richtige Regal. Sie hilft dir, wenn du ein Buch suchst. Für Schulklassen bereitet sie Führungen vor.

Die Leser kommen jeden Tag mit vielen Fragen und Wünschen zur Bibliothekarin: Sie suchen ein bestimmtes Buch, sie wollen die ausgeliehenen Sachen noch länger behalten ...
Aber auch die Bibliothekarin hat einige Wünsche an die Nutzer.

● Welche Wünsche könnten das sein?

Auch in vielen Schulen gibt es Bibliotheken, in denen sich die Kinder Bücher ansehen, lesen und ausleihen können. Auch hier muss man bestimmte Regeln beachten.

● Überlegt euch Regeln für das Ausleihen von Büchern, die auch für eure Klassen- bücherei gelten können.

AH S. 27

Jede Silbe hat einen König

❶ Schreibe die Wörter in dein Heft und markiere die Könige.
Schreibe so: *Sonne*, ...

| Sonne | Katze | Fisch | Hase |

| Buch | Tisch | Schule | Tafel |

❷ Setze die Silbenbögen: *Sonne*, ...

❸ Suche den richtigen Weg.
Schreibe den Lösungssatz auf.

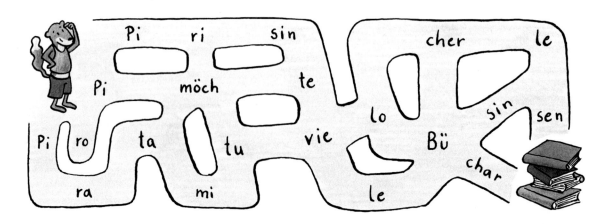

Nomen

❶ Lies den Text und setze für die Bilder Nomen ein.

Hexe Trixi sitzt auf einer .

Sie hat einen gelben und einen grünen an.

Ihr Haus ist alt und das ist schief.

Trixis Lieblingstier ist ein .

Er steht am Bach und hat einen im .

❷ Schreibe den Text mit den passenden Nomen auf.

Hut   Bank   Rock   Storch   Frosch   Schnabel   Dach

❸ Unterstreiche die eingesetzten Nomen.

Reimwörter

❹ Suche die Reimpaare. Was fällt dir auf?
Schreibe sie so auf: *Bank – Schrank, …*

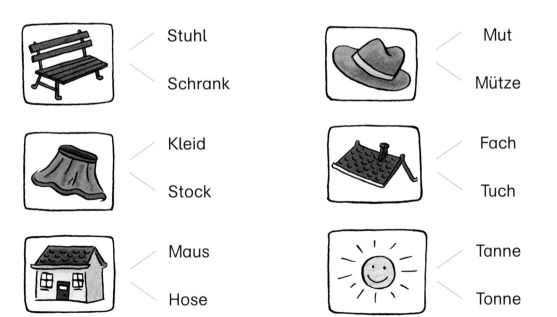

53

Wörter nach dem Abc ordnen und nachschlagen

| Brief | Apfel | Wiese | Drachen | Kuchen | Spaß | Lied | Zwerg |

❶ Schreibe die Nomen nach dem Abc geordnet auf.

❷ Vergleiche mit der Wörterliste.

| Fisch | Fohlen | Fink | Frosch | Fliege | Ferkel | Floh | Forelle |

❸ Schreibe die Tiernamen nach dem Abc geordnet auf.

❹ Unterstreiche alle Tiere, die im oder am Wasser leben blau.

Vokale und Umlaute

Der W**a**nd weht. Die K**a**nder wollen ihre Dr**i**chen
steigen lassen. Auf einmal **o**st der H**a**mmel ganz schw**u**rz.
D**u**nner gr**o**llen und Bl**a**tze zucken. Sch**o**de!

❺ Lies den Text.

❻ Schreibe den Text mit den richtigen Vokalen auf.

P⬚r⬚ b⬚st⬚lt d⬚n Dr⬚ch⬚n.

⬚r r⬚nnt l⬚s. N⬚n ⬚st d⬚r

Dr⬚ch⬚n h⬚ch ⬚n d⬚r L⬚ft.

❼ Schreibe die Sätze richtig auf.

| Vogel | Apfel | Topf | Nacht | Rad | Kopf |

| Räder | Nächte | Äpfel | Töpfe | Köpfe | Vögel |

❽ Welche Nomen gehören zusammen?
Schreibe so: *der Apfel – die Äpfel, ...*

❾ Unterstreiche die Veränderungen.

Einzahl und Mehrzahl

Schwein	Pferd	Spinne	Affe	Vogel	Floh	Katze
Hund	Ziege	Gans	Schaf	Lamm	Huhn	Kuh

❶ Schreibe die Tiere mit Artikel
in Einzahl und Mehrzahl auf.

❷ Unterstreiche die Veränderungen.

❸ Kennst du noch andere Tiere?
Schreibe sie in der Einzahl und der Mehrzahl auf.

Du kannst auch im
Lexikon nachschlagen.

M • dchen   K • fer   L • ffel   Sch • fer   W • rfel

❹ Welche Umlaute fehlen?

❺ Schreibe die Nomen mit Artikel untereinander.

❻ Bilde die Mehrzahl und schreibe sie neben die Einzahl.
Was fällt dir auf?

Zusammensetzen und trennen

Wol-	Kin-	Him-	Re-	Blu-	Dra-	Ap	Wie-
-der	-mel	-ke	-me	-se	-gen	-chen	-fel

❼ Setze die Silben zu Nomen zusammen.
Schreibe so: *die Wolke, …*

Fern|seh|zei|tung   Briefpapier   Klassenbücherei

Lesebuchumschlag   Gespenstergeschichte   Postkarte

❽ Schreibe die Nomen so auf: *die Fern-seh-zei-tung, …*

Wörter mit Sp/sp und ie

❶ Schreibe den Text ab.

Lotta liest gern spannende Bücher. Maro geht lieber auf die Wiese.
Dort spielt er mit seinen Freunden Fußball.
Das macht ihnen viel Spaß. Sie lassen später einen Drachen fliegen.

❷ Unterstreiche alle Wörter mit Sp/sp.

❸ Schreibe alle Wörter mit Sp/sp heraus.

❹ Unterstreiche alle Wörter mit ie.

❺ Schreibe alle Wörter mit ie heraus.

❻ Setze Sp oder St ein. Schreibe die Nomen mit Artikel ins Heft.

░░ern   ░░iel   ░░uhl   ░░inne   ░░ort   ░░iefel

❼ Klingt das i kurz oder lang? Schreibe die Nomen mit Artikel ins Heft.

B?ld   B?ne   F?sch   Br?f   K?ste   R?se

Der Brief

Lotta will mit ihrem Papa spielen.
Aber er liest lieber. Da schreibt
sie ihm einen Brief. Papa lacht
und sie gehen auf die Wiese.
Sie lassen einen Drachen fliegen.
Das macht viel Spaß.

Lieber Papa!
Bitte spiel
mit mir!
Deine
♥ Lotta ♥

❽ Übe den Text als Diktat.

Brief   spielen   lesen – liest   lieber   Wiese   viel   Spaß

Post für den Tiger S. 42

❶ Schreibe den Text mit den zutreffenden Wörtern ab.

Der kleine *Bär/Tiger* geht am Fluss angeln.

Der kleine *Bär/Tiger* ist immer *glücklich/einsam,*
wenn sein Freund nicht da ist.

Da schreibt ihm der kleine Bär
einen Brief/eine Postkarte.

Er schreibt mit *roter/blauer* Tinte
und *einem Füller/einer Vogelfeder.*

Der Tiger soll schon mal *Fenster putzen/Zwiebeln schälen*
und Kartoffeln *backen/kochen.*

Xaveria Rotpelz S. 44/45

❷ Welche Sätze sind richtig?
Schreibe die dazugehörigen Buchstaben auf.
Sie ergeben ein Lösungswort.

Xaveria liegt im Garten in der Hängematte und liest.	T
Xaveria liegt auf dem Dachboden in der Hängematte und liest.	L
Dort ist es ganz still.	E
Dort ist es ganz laut.	R
Die Leser träumen fantastische Träume.	A
Die Leser sind auf fantastischer Reise.	S
Sie erleben schöne Abenteuer aller Art.	U
Sie erleben gefährliche Abenteuer aller Art.	E
Bücher lesen ist echte Zauberei.	N
Bücher lesen ist echte Quälerei.	M

Wünschen und träumen

T: Monika Erhardt; M:Reinhard Lakomy

Ich bin der Traum-zau-ber-baum,

mich sieht ein Kind nur im Traum,

wach-se im Traum-zau-ber-wald,

bin tau-send Jah-re schon alt,

hab' vie-le Blät-ter so fein,

ein Blatt ge-hört dir al-lein,

in je-dem Blatt steckt ein Traum,

ich bin der Traum-zau-ber-baum.

träume davon,
ss ich zaubern kann.
Dann könnte ich schon
zaubern, dass ich
erwachsen bin.
Lars-Helme

Traumzauberbaum

Das sind einige Blätter des Traumzauberbaums der Klasse 2a.
Maro, Dilara, Lilly und Tom haben vorher über ihre Wünsche und
Träume gesprochen.

Mein Traum ist es zu fliegen, dann kann ich das Universum sehen und durch den Himmel fliegen. Dilara

Ich möchte, dass unser Igel im nächsten Winter wieder in unserem Schuppen schläft. Tom

Ich wünsche mir, dass mich keiner mehr mit meiner Zwillingsschwester Lena verwechselt. Lilly

Mein Traum ist es Profifußballer zu werden. Dann mögen mich alle und ich verdiene viel Geld. Maro

Wenn ihr darüber sprecht, denkt an die Gesprächsregeln auf Seite 6.

❶ Welche Wünsche oder Träume habt ihr? Sprecht darüber.

❷ Schreibe deinen Wunsch oder Traum auf.

❸ Kontrolliere, ob du alle Nomen und die Satzanfänge großgeschrieben hast.

④ Ihr könnt auch einen Traumzauberbaum anfertigen.

S. 72

AH S. 28/29

Lotta hat ihren Wunsch mit dem Computer geschrieben.
Leider hat sie die Leertaste nicht gedrückt.

Die Leertaste
ist hier.

IchmöchteWissenschaftlerinwerden.
DannkannichDinosaurierknochenausgraben.
DasistmeingrößterWunsch.

Lotta

❺ Schreibe Lottas Text richtig auf.
Die schwierigen Wörter heißen:

Wissenschaftlerin 📖 ausgraben Dinosaurierknochen

Ich träume davon, Popstar
zu werden das wäre toll man
ist im Fernsehen ich
verdiene dann viel Geld

Martin

❻ Was hat Martin beim Schreiben nicht beachtet?
Schreibe den Text richtig auf.

Ich möchte ärztin werden, weil ich
dann menschen helfen kann.

Kübra

❼ Auch Kübra hat ihren Text am Computer geschrieben.
Warum sind zwei Wörter rot unterstrichen?
Schreibe den Text richtig auf.

Winterschlaf

Hinten im Garten hält im alten Schuppen
ein Igel Winterschlaf.
Durch ein Loch in der Tür
war er im Herbst hineingekrochen.
Ab und zu schleichen Tina und Tom zum Igel.

Doch diesmal bekommen sie einen Schreck.
Er liegt nicht mehr da.
– Wo ist der Igel nur?
– Ist er schon aufgewacht?
– Hat er sich einen anderen Schlafplatz
   gesucht?
– Wird er genug Futter finden?
– Hat ihn jemand weggeholt?
– Ob der Igel im Komposthaufen 📖
   schläft?

Tina und Tom wünschen sich nur,
dass es dem Igel gut geht.
– Ob er im nächsten Winter wiederkommt?

❶ Wo könnte der Igel sein?

Tina und Tom stellen sich viele Fragen.

> Wenn man etwas wissen will, stellt man Fragen.
> Am Ende eines Fragesatzes steht immer ein **Fragezeichen**.

❷ Schreibe die Fragesätze ab.
   Zeichne die Satzanfänge und
   Fragezeichen farbig nach.

③ Du kannst weitere Fragen aufschreiben.

 S. 73

Tom und Tina rennen ins Haus ░
Wo ist nur das Kinderlexikon ░
Endlich finden sie es ░
Aufgeregt blättert Tina
in dem dicken Buch ░
Wo soll sie nur nachschauen ░
Sie fragt Tom:
„Muss ich bei *Igel* nachlesen ░"
Doch der sagt:
„Nein, ich würde bei *Winterschlaf*
nachgucken ░"

❹ Wo würdet ihr nachschauen?

❺ Schreibe den Text ab.
Setze die richtigen Satzschlusszeichen.

❻ Zeichne die Satzschlusszeichen farbig nach.

Wie lange halten Igel Winterschlaf ░

Füchse und Dachse sind Feinde der Igel ░

Igel halten etwa fünf Monate Winterschlaf ░

Welche Feinde haben Igel ░

❼ Welche Sätze sind Fragesätze,
welche Aussagesätze?

❽ Schreibe die Fragen
mit den richtigen Antworten auf.

❾ Zeichne alle Satzanfänge und
Satzschlusszeichen farbig nach.

Ich mag Igel.

🐾 S. 73 ›

Maros Wunsch

Die Klassen 2a und 2b spielen
Fußball. Es steht 2:2.

Er umspielt zwei Kinder
der anderen Mannschaft.

Er schießt auf das Tor.

Da bekommt Maro den Ball.
Er möchte endlich einmal
ein Tor schießen.

❶ Welche Sätze passen zu den Bildern?
Schreibe die Sätze geordnet auf.

❷ Denke dir einen Schluss aus.

❸ Denke dir eine Überschrift aus.

④ Du kannst auch eine eigene Fußballgeschichte schreiben.

 S. 74

Fragen nach dem Spiel

Das Spiel ist aus.
Maros Mannschaft freut sich über
den Sieg.
Aufgeregt rennen die Kinder zu Maro.
Sie wollen viel von ihm wissen.
Alle sprechen durcheinander.
„Wer hat dir den Ball eigentlich zugespielt?"
„Warum hast du in die linke Torecke
geschossen?"
„Was machst du jetzt?"
„Wann wollen wir wieder zusammen
trainieren?"
So viele Fragen kann Maro
gar nicht auf einmal beantworten.

> Viele Fragesätze beginnen mit Fragewörtern wie:
> **Was?**   **Wer?**   **Warum?**   **Wie?**   **Wo?**

❶ Schreibe ab, was die Kinder fragen.

❷ Unterstreiche die Fragewörter.

Zu Hause erzählt Maro von dem Fußballspiel.
Seine Mutter fragt weiter.

▨▨▨ habt ihr Fußball gespielt?

▨▨▨ haben deine Freunde gesagt?   Wo   Was

▨▨▨ spielt ihr wieder gegen die 2b?   Wie   Wann

▨▨▨ geht es dir jetzt?

❸ Schreibe die Fragen mit den passenden Fragewörtern ab.

In der Nacht

Es ist Nacht.
Alles ist still.
Ole *schläft/träumt*.

Im Traum wird sein Teddy
lebendig.
Er *klettert/springt* aus dem Bett.

Er *läuft/hüpft* zu den
anderen Stofftieren.

Zusammen *schleichen/rennen*
sie aus dem Zimmer.

❶ Welche der Wörter passen besser zu den Bildern?
Entscheide dich immer für ein Wort.

❷ Schreibe deinen Text ab.

❸ Erzähle die Geschichte zu Ende.

④ Du kannst deinen Schluss auch aufschreiben oder malen.

 S. 76 >

Hausspruch

In meinem Haus,
da wohne ich,
da schlafe ich
da esse ich.
Und wenn du willst,
dann öffne ich
die Tür
und lass dich ein.

In meinem Haus,
da lache ich,
da weine ich,
da träume ich.
Und wenn ich will,
dann schließe ich
die Tür
und bin allein.

Gina Ruck-Pauquèt

❶ Vergleiche beide Strophen.
Was will die Autorin sagen?

❷ Schreibe das Gedicht ab.

❸ Was tut die Autorin in ihrem Haus? Unterstreiche es.

Verben (Tunwörter, Tuwörter) sagen,
was Menschen, Tiere, Pflanzen und Dinge tun.
Verben werden **kleingeschrieben**.

---

❹ Schreibe die unterstrichenen Verben so auf:
ich wohne – wohnen …

⑤ Was tust du zu Hause?
Du kannst es aufschreiben.

Kinderwünsche

Diese Wünsche hat Jan:

Meine Eltern ▨▨▨▨ mir öfter vor.
Mein Bruder und ich ▨▨▨▨ täglich zusammen.
Meine Freunde ▨▨▨▨ heute zu mir.
Wir ▨▨▨▨ das nächste Fußballturnier.

lesen   spielen   gewinnen   kommen

❶ Welche Verben gehören in die Lücken?
Schreibe den Text mit
den passenden Verben ab.

❷ Unterstreiche die Verben.

Das sind Katrins Wünsche:

Ich ▨▨▨▨ beim Schreiben keine Fehler.
Meine Lehrerin ▨▨▨▨ nur ganz leise.
Mein Bruder ▨▨▨▨ nie mit mir.
Meine Mutter ▨▨▨▨ uns jeden Tag Nudeln.

streiten   kochen   machen   schimpfen

❸ Schreibe den Text mit
den passenden Verben ab.
Beachte, dass sich die Verben verändern.

④ Welche Wünsche hast du?
Du kannst sie auch aufschreiben.

🐾 S. 78

AH S. 31

Lea wünscht sich einen Hund.
„Den wünschen wir uns auch",
rufen Lukas und Maro.
Aber die Eltern sind dagegen.
„Was wünschst du dir noch?",
fragen Lukas und Maro.
„Ich wünsche mir, dass wir
immer Freunde bleiben",
antwortet Lea.

❺ Schau dir das Verb „wünschen" im Text an.
Fällt dir etwas auf?

❻ Schreibe so:

ich	*wünsche*
du	*wünschst*
er	*wünscht*
wir	*wünschen*

❼ Unterstreiche, was bei den Verben gleich bleibt.

Verben können sich verändern.
Was gleich bleibt, nennt man **Wortstamm**.
Was sich verändert, nennt man **Endung**.
Die Endung richtet sich danach, wer etwas tut.

---

❽ Zeichne eine Tabelle. Ergänze die Verben

ich	du	er/sie/es	wir
ich sage	du …	er …	wir …
ich spiele			
ich singe			
ich rede			

Kannst du
auch waschen
eintragen?

❾ Zeichne die Endungen farbig nach.

Der Elefant im Apfelbaum

Der Elefant hat einen **Traum**: Er sitzt auf einem Apfelbaum. Da bricht ganz plötzlich dieser **Ast** und fällt zu Boden von der Last. Der Elefant erwacht im **Sand**, reibt sich den Po und geht zum Strand.

❶ Suche die Reimwörter zu den dick gedruckten Wörtern.

❷ Schreibe das Gedicht ab.
Beginne nach jedem Reimwort eine neue Zeile.

Traum	Raum	Gast	Wand	Ast
Sand	Mast	Hand	Schaum	

❸ Jeweils drei Wörter reimen sich.
Schreibe sie untereinander auf.

❹ Unterstreiche alle Buchstaben, die bei den Reimwörtern gleich sind.

⑤ Du kannst zu einigen Reimwörtern ein Gedicht schreiben.

Ich kann auch reimen:
Wiesel,
Liesel,
K ...

S. 72

AH S. 33

Das wäre schön

Was kleine Kinder träumen,
hängt leider nicht an ░░░░░░.
Sie wünschen sich in dunkler Nacht,
dass Papa sie ganz doll ░░░░░░.
Sie möchten gerne fliegen,
und niemals Ärger ░░░░░░.
Sie wollen schon erwachsen sein.
Alles zu dürfen, das wär ░░░░░░.

fein   kriegen   Bäumen   bewacht

❶ Schreibe das Gedicht mit den richtigen Reimwörtern ab.

Au/au wird **Zwielaut** genannt, weil er aus **zwei Vokalen** besteht.
Bildet man zu einem Nomen mit **au** die Mehrzahl,
wird aus **au** oft ein **äu**: der B**au**m – die B**äu**me.

---

der Traum   – die Träume
der Raum   – die …
das Haus   – …
die Maus   – …
der Bauch   – …
der Schlauch – …

Kennst du noch
mehr Zwielaute?

AU!

❷ Bilde die Mehrzahl der Nomen.

❸ Was fällt dir auf?
    Zeichne farbig nach, was gleich bleibt.

④ Du kannst mit diesen Wörtern ein Gedicht schreiben.

Wovon träumt der Igel

Wovon träumt der Igel mit Geschnauf?

Von einem Streifen Schweinespeck.

Wovon träumt der Rabe bei Eis und Schnee?

Dass er den Hund mal beißen kann.

Wovon träumt das Huhn bei Wind und Sturm?

Von einem Hundertmeterlauf.

Wovon träumt der Fuchs mit arger List?

Von einem fetten Regenwurm.

Wovon träumt die Maus in ihrem Versteck?

Von warmen Pantoffeln an jedem Zeh.

Wovon träumt der Has' im dicken Tann?

Dass jeder Zaun voll Löcher ist.

Mein liebes Kind, nun träum auch du,
mach deine müden Augen zu!

Alfred Könner

● Wisst ihr, wovon die Tiere träumen?

● Schreibt die Sätze auf Papierstreifen.
Ordnet jeder Frage die richtige Antwort zu.
Arbeitet zu zweit.

Winterschlaf der Igel

Im Herbst fressen Igel sich eine dicke Fettschicht an.
Sie mögen vor allem Schnecken und Würmer.
Darum kommen Igel gerne in Gärten,
in denen es Komposthaufen 📖 gibt.
5 Beeren und Obst fressen Igel aber auch.

Für den Winterschlaf sucht sich jeder Igel
einen trockenen Platz.
Besonders gerne schlafen Igel unter Laub oder Reisig 📖.
Deshalb sollte man Laub- und Reisighaufen bis Ende April
10 im Garten liegen lassen.
Igel polstern sich ihre Winterschlafplätze mit Gras und Moos aus.

Als Stachelkugel zusammengerollt verschlafen die Igel
den Winter.
Nur wenn es ganz kalt wird, werden sie wach und
15 bewegen sich etwas.
Igel sollten nie gestört werden. Wenn sie zwischendurch öfter
geweckt werden, schaffen sie es nicht bis zum Frühling.
Erst dann finden sie wieder genug zu fressen.

● Kennst du weitere Tiere, die Winterschlaf halten?

Felix' größter Wunsch S. 85

Der schüchterne Felix hätte gern einen Freund, mit dem er spielen könnte. Eines Tages zieht Philipp ins Nachbarhaus.

Die beiden spielen oft zusammen Fußball.
Aber Philipp möchte in einer Mannschaft spielen.
Felix weiß nicht, ob er das kann.
Nach einem langen Gespräch
5 melden die Eltern beide in einem Fußballclub an.
Schon beim ersten Training zeigt sich,
dass Philipp ein guter Fußballer ist.
Er schießt drei Tore.
Bei Felix klappt es nicht so gut,
10 weil er sich kaum etwas traut.
Er muss sich erst an seine Mitspieler
und den Trainer gewöhnen.
Mit jedem Tag wird Felix mutiger.
Er bemüht sich sehr, alle Übungen richtig zu machen.
15 Und in den Trainingsspielen kann er bald gut mithalten.
Felix' größter Wunsch ist es nun,
in der Mannschaft mitzuspielen.
Nach dem letzten Training vor dem ersten Punktespiel
liest der Trainer die Mannschaftsaufstellung vor.
20 Felix' Herz klopft wie wild.
„Ich drücke dir die Daumen", flüstert Philipp.
„Im Sturm beginnen wir mit Philipp und Alexander",
sagt der Trainer.
Felix ist nicht dabei.
25 Er muss kräftig schlucken,
kann die Tränen aber nicht zurückhalten. …
Eine Stunde vor Spielbeginn ruft der Trainer bei Felix an.
Alexander ist krank geworden.
Für ihn darf Felix mitspielen.
30 Felix freut sich riesig.

Schnell sucht er seine Sachen zusammen. …
Felix hat zum ersten Mal einen richtigen Dress an:
grünes Trikot, weiße Hose, grüne Stutzen.
Er ist stolz und hat gleichzeitig ein mulmiges Gefühl.
Philipp sitzt neben ihm und gibt ihm einen Klaps auf den Rücken.
„Also, Jungs", sagt der Trainer,
„spielt so wie im Training, dann kann nichts schiefgehen."
„Hoffentlich", denkt Felix.
Der Schiedsrichter pfeift das Spiel an.
Die Jungen des FC Winterlingen sind sehr nervös.
Felix verliert den Ball,
sein Gegenspieler läuft davon
und schießt ein Tor.
Felix lässt den Kopf hängen.
Kurz vor der Halbzeitpause
erwischt Philipp an der Seitenlinie den Ball
und stürmt los.
Felix spurtet sofort in die Spitze.
Im richtigen Augenblick flankt Philipp zur Mitte.
50 Felix springt hoch, ist als Erster am Ball
und köpft ihn ins Tor.
„Tor!", ruft er und reißt die Arme hoch.
Philipp kommt angerast.
Vor Freude rennt er Felix beinahe um.
55 Und beide strahlen wie die Weltmeister.

Manfred Mai

Der Schlumischubu S. 85

Gestern hatte Lena einen schlimmen Traum
und traut sich deswegen heute nicht ins Bett.
Sie hat Angst,
der schlimme Traum könnte wiederkommen.
5 Papa setzt sich zu Lena ans Bett und versucht
ihr die Angst auszureden.
Doch als er aus dem Zimmer geht,
ist die Angst immer noch da.

Lena starrt an die Decke.
10 Sie öffnet die Augen extra weit,
um ja nicht einzuschlafen.
Aber das ist ziemlich anstrengend.
Und es dauert nicht lange,
da kommt auch schon Schlumischubu an Lenas Bett.
15 Er hebt sie hoch und flüstert ihr ins Ohr:
„Hab keine Angst, kleine Lena.
Ich bringe dich jetzt ins Land der Träume."

Der Schlumischubu ist ein unsichtbarer Riese.
Er trägt alle Kinder, die Angst vor schlimmen Träumen haben,
20 ins Land der Träume.
Dort beschützt er diese Kinder und passt auf,
dass der schlimme Traum nicht wieder zu ihnen kommt.

Der Schlumischubu ist so riesig, dass sich nicht einmal
die allerschlimmsten Träume in seine Nähe trauen.
25 Deswegen haben die Kinder nur schöne Träume,
bis der Schlumischubu sie am Morgen wieder in ihr Bett legt.

„Ich wünsche dir einen schönen Tag", flüstert er Lena ins Ohr.
„Und wenn du mich brauchst, komme ich heute Abend wieder."

Manfred Mai

● Hattest du auch schon schlimme Träume?
  Erzähle, wer dir geholfen hat.

Zum Einschlafen zu murmeln

Nirgends ist es wie im Bett
so gemütlich und so nett.
Was wohl morgen werden mag?
Morgen wird ein schöner Tag.

Dusel dusel schummerlich
sachte Welle schaukelt mich.
Wie auf einem Schiffchen leise
geh ich auf die Traumesreise.

Michael Ende

Die Geburtstagsüberraschung

Lena hat heute Geburtstag.
All ihre Freunde kommen mit tollen Geschenken.
Lena macht nämlich eine richtige Party.
Aber Lena ist traurig.
5 „Was ist los mit dir?", fragt Mama
und zwickt Lena in die Nase.
„Gefällt dir deine Party nicht?"
Lena zuckt mit den Schultern.
„Doch, schon, aber Ute ist nicht da."
10 Ute ist Lenas beste Freundin. Die allerbeste.
Jeden Tag haben sie zusammen gespielt,
aber dann ist Ute weggezogen.
Auf einen Bauernhof.
„Ute kommt bestimmt", sagt Mama.
15 Lena schüttelt den Kopf.
„Pah, das glaub' ich nicht.
Utes Papa hat keine Zeit,
sie zu uns zu bringen."
Plötzlich klingelt es.

20 Vor der Tür steht Papa.

„Hallo, Geburtstagskind", sagt er.

„Hallo, Papa. Wieso klingelst du denn?"

„Ich habe eine Überraschung",

sagt Papa und grinst.

25 Auf einmal schaut hinter seinem Rücken

ein blonder Lockenkopf hervor.

„Ute! Jieppie!", ruft Lena und rennt auf sie zu.

Lena und Ute umarmen sich.

„Ich bin ganz allein mit dem Bus gekommen.

30 Meine Mama hat mich zum Bus gebracht.

Und dein Papa hat mich abgeholt", sagt Ute und strahlt.

„Da können wir uns ja viel öfter besuchen", sagt Lena.

„Genau. Du musst sowieso zu mir kommen

und dein Geschenk abholen."

35 „Wieso?", fragt Lena.

„Na, weil ich dir eine Woche auf unserem Bauernhof schenke."

„Eine ganze Woche mit all euren Tieren!", staunt Lena.

„Ja, aber vor allem eine Woche mit mir!", sagt Ute.

„Stimmt, das ist das Beste", meint Lena

40 und fällt Ute um den Hals.

Franziska Gehm

● Habt ihr auch Wünsche, die man nicht kaufen kann?

Wörter

❶ Welche Wörter gehören zusammen?
Schreibe so: *der Wunsch – die Wünsche, …*

Wunsch   Traum   Ball   Bruder   Fuß   Mutter   Vater

Brüder   Väter   Füße   Wünsche   Träume   Bälle   Mütter

❷ Unterstreiche die Veränderungen.
Was fällt dir auf?

1.   pe   2.   te   3.   sel   4.   chen   5.   fel

Rat-   Ap-   Pup-   Mäd-   In-

❸ Bilde aus den Silben Wörter.
Schreibe die Wörter ins Heft.

❹ Schreibe die Anfangsbuchstaben
der Wörter hintereinander.
Wie heißt das Lösungswort?

wohnen   schlafen   zählen   lachen   träumen   kommen

gehen   fahren   müssen   rechnen   denken   holen

❺ Schreibe die Wörter nach dem Abc geordnet untereinander.

❻ Schreibe dann so: *denken – er denkt, …*

Sätze

❶ Schreibe drei Aussagesätze.

sind   Tom und Max   Freunde

umziehen   Toms Eltern   wollen

traurig   Tom und Max   sind

❷ Zeichne die Satzanfänge und die Punkte farbig nach.

Anne wünscht sich ein Kaninchen sie will es jeden Tag füttern den Käfig will sie allein sauber machen doch Mama und Papa wollen kein Haustier

❸ Schreibe den Text richtig auf.

❹ Zeichne alle Satzanfänge und Satzschlusszeichen farbig nach.

In der Schule

TINASITZTINDERKLASSESIESCHAUTAUSDEMFENSTERSIE
WILLMITMAXAUFDEMHOFSPIELEN

❺ Schreibe die drei Sätze richtig auf.

❻ Zeichne die Satzanfänge und Satzschlusszeichen farbig nach.

❼ Unterstreiche die Nomen. Hast du sie großgeschrieben?

Sieben Wörter werden großgeschrieben.

Wörter und Sätze

JanaliegtimBettundisttraurig.
HeutehabensichMamaundPapagestritten.
Janakanndasnichtverstehen.

❶ Schreibe den Text richtig auf.

❷ Unterstreiche alle Nomen.

Jana will mit ihren Eltern sprechen ob sie ihr auch
zuhören Jana ist unsicher sie will es trotzdem versuchen.

❸ Schreibe den Text richtig auf.

❹ Zeichne alle Satzanfänge und
Satzschlusszeichen farbig nach.

Ein Satz ist ein Fragesatz.

am nächsten Tag   Jana   zu ihrer Mama   geht

beruhigt   ihre Tochter   Mama

sich   die Eltern   haben   längst wieder   vertragen

❺ Schreibe drei Aussagesätze.

Verben

schreiben   hoffen   finden   verbessern   bitten   machen

Jamil ▨▨▨ gern Geschichten. Leider ▨▨▨ er viele Fehler.

Er ▨▨▨, dass sein Freund die Fehler ▨▨▨.

Darum ▨▨▨ er ihn um Hilfe. Max ▨▨▨ die Fehler gern.

❻ Schreibe den Text mit den passenden Verben ab.

❼ Vergleicht eure Texte.

Wörter mit au und äu

Laus   Braut   Haus   Bauch   Faust

Maus   Strauch   Blumenstrauß

❶ Bilde von diesen Nomen die Mehrzahl.
Schreibe so: *ein Strauch – viele Sträucher, …*

Hier verändert sich das au nicht:

Auto   Auge   Taube   Raupe   Pause   Frau

❷ Bilde die Mehrzahl. Schreibe wie in der 1. Aufgabe.

Igel br▩chen für den Winterschlaf oft L▩b
unter Str▩chern.
Dort tr▩men sie von fetten R▩pen.
Vor dem Winterschlaf sind ihre B▩che so dick,
dass sie die lange Fressp▩se gut ▩shalten.
Erst im Frühling sch▩en sich die Igel wieder
nach Nahrung um.

❸ Schreibe den Text ab. Setze jeweils au oder äu ein.

Fragesätze

Wovon   Wo   Wie   Wann

▩▩▩ halten Igel oft ihren Winterschlaf?

▩▩▩ träumen die Igel während des Winters?

▩▩▩ sind die Bäuche der Igel vor dem Winterschlaf?

▩▩▩ schauen sich Igel wieder nach Nahrung um?

❹ Schreibe die Fragen mit passenden Fragewörtern auf.

Reimwörter und Sätze

❶ Jeweils zwei Verben reimen sich.
Schreibe die Reimpaare jeweils untereinander.

| wohnen | lachen | weinen | erzählen | spielen | müssen |

| machen | zielen | belohnen | wählen | küssen | meinen |

❷ Zeichne eine Tabelle.
Ergänze die Verben der 1. Reihe.

ich	du	er/sie/es	wir
ich wohne	du …	er …	wir …

Tom träumt von einem Wiesel er singt, weint und lacht mit ihm in der Schule kann er seinen Traum erzählen ob die Lehrerin lachen muss nun möchten alle Kinder über Träume sprechen

❸ Schreibe den Text richtig auf.

❹ Zeichne alle Satzanfänge und
Satzschlusszeichen farbig nach.

Toms Traum

Im Traum wohnt Tom bei einem Wiesel.
Mit ihm kann er spielen, lachen und weinen.
Tom erzählt in der Schule von seinem Traum.
Die Kinder sprechen über ihre Träume.
Wer möchte seinen Traum erzählen?

❺ Schreibe den Text ab.

❻ Unterstreiche die Verben.

❼ Übe den Text als Diktat.

wohnen   lachen   weinen   erzählen   sprechen – spricht

Felix' größter Wunsch S. 74/75

❶ Welche Sätze sind richtig?
Schreibe die richtigen Buchstaben auf.
Sie ergeben ein Lösungswort.

Philipp und Felix sind Freunde.	F
Philipp und Alexander sind Freunde.	J
Felix schießt beim ersten Training drei Tore.	U
Philipp schießt beim ersten Training drei Tore.	E
Alexander wird krank.	L
Felix wird krank.	N
Zum Dress gehört ein grünes Trikot.	I
Zum Dress gehört ein weißes Trikot.	G
Felix schießt den Ball ins Tor.	E
Felix köpft den Ball ins Tor.	X

Der Schlumischubu S. 76/77

❷ Schreibe die richtigen Sätze in dein Heft.

Lena hatte einen *schönen/schlimmen* Traum.

Papa/Mama will Lena helfen.

Als Lena allein ist, hat sie *keine/noch immer* Angst.

Lena *öffnet/schließt* ihre Augen.

Plötzlich kommt *Opa/Schlumischubu.*

Der Schlumischubu ist ein unsichtbarer *Zwerg/Riese.*

Er beschützt die Kinder vor *schlimmen/schönen* Träumen.

Reise nach England

Englisch sprechen

Fast überall auf der Welt
lernen die Kinder in der Schule Englisch.
Wer Englisch spricht,
kann sich mit vielen Menschen
verständigen.

Auch wir benutzen oft englische Wörter.
Wir tragen T-Shirts, Boxershorts
und Jeans.
Wir fahren Inliner und Skateboard.
Wir lesen Comics
und sammeln Sticker.
Viele von uns haben
einen Gameboy.

❶ Schreibe den Text ab.

❷ Unterstreiche die englischen Wörter.
Kennst du noch mehr englische Wörter?

Englischer Tee
England ist bekannt für
seinen Tee.
Täglich um fünf Uhr
trinkt man eine Tasse Tee.
Auf dem Tisch steht neben
der Teekanne auch ein Teller
mit Keksen.

❸ Schreibe alle Wörter mit T/t am Wortanfang heraus.

④ Mehr über England kannst du im Internet 📖 erfahren.

In England

In England ist vieles anders als bei uns.

England ist ein [____] ⟨reich⟩. Die Autos

fahren auf der linken [____] ⟨seite⟩.

Es gibt nicht so viele [____] ⟨fahrer⟩ wie

bei uns. [____] ⟨ball⟩ ist in England sehr

beliebt. Die [____] ⟨kästen⟩ und die [____] ⟨zellen⟩

sind rot. Die [____] ⟨fahrer⟩ fahren in

schwarzen Autos. Die Leute haben immer

einen [____] ⟨schirm⟩ dabei, weil es oft regnet.

❶ Lies den Text. Achte auf das Bild.

❷ Bezeichne die Nomen genauer.
   Suche die passenden Puzzleteile heraus:

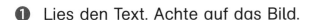

| Straßen⟨ | Telefon⟨ | Taxi ⟨ | König⟨ | Regen⟨ | Rad ⟨ | Fuß ⟨ | Brief⟨ |

> Mit **zusammengesetzten Nomen** kann man etwas genauer
> beschreiben. Der **Artikel** richtet sich nach dem **zweiten Nomen.**

❸ Schreibe die zusammengesetzten Nomen so auf:
   der König, das Reich: das Königreich, …

❹ Unterstreiche die Artikel der zusammengesetzten Nomen.

❺ Vergleiche: *Bei uns fahren die Autos auf der …*
               In England fahren die Autos auf …

🐾 S. 100/101 ⟩

Schule in England

Tom und Betty gehen in ihrer
Schuluniform in die Schule.
Tom trägt einen grauen Pullover
mit einem Schlips und
eine dunkle Hose.
Betty liebt ihren weinroten
Pullover und den blauen Rock.
Jeden Morgen sagt ihre Mutter:
„Fragt, wenn ihr etwas nicht
versteht!" Dann winkt sie ihnen.

❶ Schreibe alle Verben aus dem Text untereinander.
Ergänze hinter jedem Verb die Grundform.

> **Verben** stehen in der **Grundform** (tragen) oder
> in der **Personalform** (er trägt). Wenn du nicht weißt,
> wie ein Verb geschrieben wird, kannst du seine
> Grundform bilden: er trägt – tragen.

hu░t   le░t   flie░t   sa░t   fra░t

lie░t   par░t   sie░t   to░t   trei░t

> Manchmal
> gibt es mehrere
> Möglichkeiten.

❷ Schreibe die Verben so: *tragen – er trägt, ...*
Setze dabei b, p, g oder k richtig ein.

❸ Markiere den Wortstamm.

④ Du kannst dir eine eigene Schuluniform ausdenken.
Male und beschreibe sie.

🦫 S. 98

AH S. 37

Eine Busfahrt

❶ Lies die Sätze laut vor.

❷ Schreibe die Sätze ab. Achte auf die Ausrufezeichen.

> Sätze, die wir rufen, sind **Ausrufesätze**. Sätze, die sagen,
> was einer tun soll, nennt man **Aufforderungssätze**.
> Nach beiden Sätzen steht ein **Ausrufezeichen**.

❸ Welche der Sätze im Bild sind Aufforderungssätze?

❹ Bilde noch mehr Ausrufe und Aufforderungen zu dem Bild
   und scheibe sie auf. Die Wörter können dir helfen:

Fenster öffnen   aufpassen   anschnallen   aussteigen

Regenbogen   Flohmarkt   Unfall   Turm anschauen

Pfadfinder

Die Pfadfinder-Idee geht auf den Engländer
Robert Baden-Powell zurück. Er glaubte, dass Menschen sich
besser verstehen, wenn sie gemeinsam Abenteuer erleben.
Darum gründete er eine weltweite Jugendbewegung und
nannte sie „boy scouts" (Pfadfinder).

Zuerst gehörten ihr nur Jungen an. Heute können
auch Mädchen an den Treffen teilnehmen.

Alle Pfadfinder haben eine Uniform.
Sie heißt „Kluft". Dazu tragen sie farbige Halstücher,
an denen man erkennt, zu welcher Gruppe
sie gehören.

In den Regeln der Pfadfinder steht:

> Sei freundlich!
> Haltet zusammen!
> Wir sind eine große Familie!
> Tu jeden Tag eine gute Tat!

❶ Warum wurden die Pfadfinder
   gegründet?

❷ Erkläre die Regeln.

❸ Welche Regel findest du
   am wichtigsten?
   Begründe deine Meinung.

❹ Beschreibe die Uniform.

AH S. 39

Im Pfadfinderlager

Tom schreibt seiner Mutter aus dem Pfadfinderlager.

> Gleich am ersten Tag machten wir auf dem Fluss
> eine tolle Floßfahrt. Das Wasser floss ziemlich schnell.
> Wir mussten aufpassen, um nicht in den Fluss zu fallen.
> Rate mal, was wir am Ufer gesehen haben!
> Eine fette Ratte!
> Peter sagte: „Hoffentlich bleibt sie am Ufer."
> Keiner wusste, ob Ratten schwimmen können.

Du kannst auch eine Tabelle anlegen.

❶ Wie kannst du herausfinden,
   ob Ratten schwimmen können?

❷ In dem Text findest du Wörter
   mit den doppelten Konsonanten
   ss, ll, ff, mm, nn und tt.
   Schreibe sie geordnet auf.

> Wenn ein Wort einen **kurz gesprochenen Vokal** hat,
> wird der nachfolgende **Konsonant oft verdoppelt**.

Kamm	Floß	Ofen	floss	hoffen
Hof	raten	Ratte	offen	kam

❸ Sprich die Wörter deutlich.

❹ Schreibe die Wörter paarweise auf und kennzeichne
   den kurz und den lang gesprochenen Vokal so:
   Kamm – kam, ...

❺ Suche weitere Wörter mit Doppelkonsonanten in der Wörterliste.

Tom und Betty beim Angeln

❶ Erzähle zu den Bildern.
Die folgenden Wörter können dir dabei helfen:

Baumstamm   Fluss   angeln   Flasche   schwimmen

sitzen   Angel   Wasser   vorbei   treiben

❷ Was könnte in der Flasche sein?
Erzähle.

So erzählst du eine Geschichte:

1. Schaue deine Zuhörer an.

2. Betone wichtige Wörter.

3. Setze deine Stimme ein:
   Sprich mal laut, mal leise.

4. Achte auf dein Sprechtempo
   Sprich nicht zu schnell.

5. Sprich mit Gesicht und Körper.

Du kannst vor einem Spiegel üben.

---

③ Du kannst die Geschichte auch aufschreiben.

Die Flaschenpost

Tom schüttelt die Flasche. Darin sind viele Zettel.

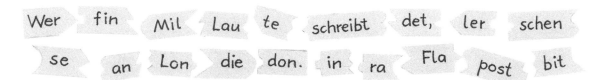

Wer · fin · Mil · Lau · te · schreibt · det, · ler · schen
se · an · Lon · die · don. · in · ra · Fla · post · bit

„Das ist bestimmt ein Geheimbrief.
Ob wir ihn lesen können?", fragt Betty.

❶ Was musst du tun, um den Brief lesen
   zu können? Schreibe den Brief auf.

❷ Können die Kinder tun, was in dem Brief steht?
   Begründe deine Meinung.

Tom will nun auch einen Brief wie in der Flaschenpost schreiben.
Er schreibt erst einmal seinen Brief vor.

> Liebe Kitty,
> wir gehen immer schwimmen. Wir müssen sehr aufpassen, weil das Wasser
> ziemlich schnell fließt. Betty ist schon vom Floß gefallen,
> aber wir konnten sie retten. Hoffentlich passiert mir das nicht!
> Viele Grüße
> dein Tom

❸ Wie muss Tom nun die Wörter trennen?
   Schreibe den Brief nach Silben getrennt auf: *Lie-be Kit-ty, …*

> Wörter mit **Doppelkonsonanten** werden meist
> zwischen diesen **getrennt**: wol - len, im - mer.

④ Du kannst selbst einen Geheimbrief verschicken.

Die Schatzsuche

Zum Abschluss machen die Pfadfinder eine Schatzsuche.
Toms Gruppe bekommt diesen Plan:

❶ Die Pfadfinder stehen am Schloss.
Beschreibe den Weg zum Schatz.
Benutze dabei einige der folgenden Wörter:

zunächst   zuerst   anschließend   danach   zum Schluss   dann

② Was könnte der Schatz sein?
Du kannst dir eine Geschichte dazu ausdenken.

Der Rückweg
AufdemRückwegkamensiedurcheinekleineStadt.
DieStraßenwarensteilundeng.
SiehattenholprigesKopfsteinpflaster.
AufeinemTurmstandeinStorch.
Tomstarrtehinauf.
DastolperteerübereinenStein.
Fastwäreerhingefallen!
Hastiggingerweiter.

❸ Schreibe den Text mit den richtigen Wortgrenzen auf.

❹ Unterstreiche alle Wörter mit St/st und schreibe sie auf.

AH S. 41/42

Ein englischer Maler

Der Maler dieses Bildes war Engländer.
Man weiß nicht genau, wann er geboren wurde, aber er wurde am 14. Mai 1727 getauft.
Weil die Kinder früher immer kurz nach ihrer Geburt getauft wurden, nimmt man an, dass er kurz davor geboren wurde.

Als seine Eltern merkten, dass er gut malen konnte, schickte ihn sein Vater zum Studium nach London. Damals war er 13 Jahre alt.

Er malte Landschaften und Porträts  und wurde schnell berühmt.
Deshalb durfte er sogar Leute malen, die zum englischen Königshaus gehörten.
Diese Bilder hängen noch heute in englischen Schlössern.

Thomas Gainsborough: The cottage girl

Warst du schon in einem Bildermuseum?

❶ Schreibe auf, was du über den Maler des Bildes erfährst.

❷ Beschreibe das Bild.

③ Du kannst dir auch eine Geschichte über das Mädchen ausdenken.

Hopscotch

Betty spielt mit ihrer Freundin Kitty gern Hopscotch.
Das ist ein englisches Hüpfspiel.

Auf dem Schulhof malen sie mit Kreide ein Spielfeld auf
und schreiben die Zahlen von 1 bis 8 hinein.
Dann wirft Kitty ein Steinchen auf das Feld.
Sie versucht, auf einem Bein bis zu diesem zu hüpfen.
Dabei darf sie nicht auf einen Strich treten,
sonst hat sie verloren! Am Ende zählt sie
die gewonnenen Punkte zusammen.
Dann ist Betty an der Reihe.

● Schreibe für deine Freundin
oder deinen Freund auf,
wie das Spiel gespielt wird.
So kannst du anfangen:
Male mit Kreide …
Schreibe …

● Schreibe die Spielregeln für ein anderes Spiel auf, das du kennst.
Versuche dann, es mit jemandem zu spielen.

AH S. 43

Fußball

Fußball ist ein typisch englisches Spiel. Es ist schon viele hundert Jahre alt.
Früher stellten die einzelnen Städte Mannschaften auf, die versuchten, eine Kugel durch die Stadttore zu spielen.
Das „Spielfeld" lag damals zwischen zwei Dörfern, sogar wenn diese Kilometer entfernt voneinander waren.
Es durften immer sehr viele Leute mitspielen.

Über viele Jahrhunderte hinweg blieb Fußball ein Spiel ohne Regeln. Jede Mannschaft durfte so spielen, wie sie wollte und so gab es viele Unterschiede zwischen den verschiedenen Schulen.
Nach und nach aber entstanden Regeln.
Im Jahr 1846 wurde Fußball zum ersten Mal so gespielt, wie wir es heute kennen.

Mittlerweile spielt man in der ganzen Welt Fußball.
Wichtige Spiele schauen sich viele Menschen an.
Die Straßen wirken dann oft wie leergefegt,
wenn diese Spiele im Fernsehen übertragen werden.

● Erzähle den Text deinem Freund.

○ Schreibe die Fußballregeln auf, die du kennst.

Briefe von Felix

S. 111

Felix heißt Sophies Kuschelhase.
Leider hat sie ihn auf dem Flughafen verloren.
Heute aber kommt ein Brief von ihm.

LONDON, IM AUGUST

LIEBE SOPHIE,

LEIDER HABE ICH DICH IM FLUGHAFEN VERLOREN. ABER BITTE MACH DIR KEINE SORGEN UM MICH! MIR GEHT ES GUT. ICH BIN IN EIN FALSCHES FLUGZEUG GESTIEGEN. DAS FLOG ABER NICHT NACH HAUSE, SONDERN NACH LONDON. HIER GIBT ES EINE VIERECKIGE BURG AN EINEM FLUSS, ABER DER FLUSS IST GANZ SCHÖN DRECKIG! ES GIBT AUCH EINEN GROßEN PALAST, DA STEHEN VIELE MÄNNER MIT SELTSAMEN MÜTZEN VOR. SO EINE MÜTZE WÜRDEST DU NICHT MAL IM WINTER ANZIEHEN. UND NOCH ETWAS IST KOMISCH, ALLE REDEN HIER GANZ ANDERS.

ICH MELDE MICH BALD WIEDER, DU FEHLST MIR. DEIN

FELIX.

100

Sophie kann es kaum glauben. Ein echter Brief von ihrem Felix!
Erst macht ihr Herz einen Riesensprung, dann drückt sie den Brief
fest an sich. Als Nächstes umarmt sie Mama, holt tief Luft und brüllt:
„Lena, Nicolas, Julius, seht euch das an!" Als Papa von der Arbeit
nach Hause kommt, darf er auch den Brief lesen und staunt nicht
schlecht. „So, so, so", sagt er, „der Ausreißer ist also in London
gelandet! Das ist die Hauptstadt 📖 von England." – „Wie viele
Menschen wohnen in einer Hauptstadt?", fragt Sophie und möchte
nun ganz genau wissen, wo ihr Felix steckt.

Mit Papa schaut sie im
Lexikon unter LONDON nach.
Tatsächlich, da steht: „Hauptstadt
Englands und Nordirlands, liegt
beiderseits der Themse, sieben Millionen
Einwohner, königliche Residenz 📖, rund
1600 Kirchen und Kapellen, Festungsanlage
‚Tower of London', Parlamentsgebäude, im
14. Jahrhundert eine der größten Städte Europas."

Buckingham Palace

Irish Guard

Annette Langen/Constanza Droop

● Was erfährst du über London?

○ Sammle weitere Informationen. Ihr könnt auch ein Plakat gestalten.

Tower Bridge

Tower of London

Spuk im Schloss S. 111

In den Ferien durften Peter und Caroline ihren Onkel Arthur besuchen. Er lebt als Verwalter auf einem alten englischen Schloss.

„In alten Schlössern gibt es doch Gespenster, oder?", fragte Caroline beim Abendessen. „Wir haben hier nur unseren alten Henry",
5 lachte der Onkel. „Das ist ein alter Geist, der niemandem etwas tut. Der geht nur manchmal durch die Gänge und rasselt ein bisschen mit seinen Ketten." „Was? Wirklich?", staunten die Kinder. Peter stieß Caroline an und sagte: „Onkel Arthur will uns nur verulken. Geister gibt's doch gar nicht!"
10 Onkel Arthur sagte nichts.

Nach dem Abendessen flüsterte Peter Caroline zu: „Weißt du was? Heute Nacht bleiben wir beide wach. Diesen Geist will ich doch mal sehen!" „Wir dürfen doch nicht so lange aufbleiben", sagte Caroline erschrocken. „Wir tun doch niemandem was", antwortete Peter.

₁₅ Also trafen sich die Kinder auf dem oberen Gang. Sie hatten sich extra warm angezogen, um nicht zu frieren. Dennoch war es ziemlich kühl und ungemütlich. Langsam wurden sie müde.

Plötzlich hörten sie ein Geräusch. Peter war auf einmal hellwach. „He, Caro, hörst du das auch?", flüsterte er aufgeregt.
₂₀ Caroline nickte nur stumm und zitterte. Das scharrende Geräusch kam näher. Caroline hielt sich die Ohren zu.

Da! Um die Ecke des Ganges schwebte ein weißer Mann, der seinen Kopf in der Hand hielt und eine Kette hinter sich her zog. Er summte leise vor sich hin. Peter und Caroline waren vor Entsetzen stumm.
₂₅ Das Gespenst winkte ihnen zu und der Kopf lächelte freundlich unter dem Arm hervor. Dann verschwand es durch die nächste Wand.

Die Kinder sausten so schnell sie konnten in ihre Betten. Fürs Erste hatten sie von Gespenstern genug gesehen!

Ute Schimmler

● Erzähle die Geschichte mit eigenen Worten.

● Wie sah das Gespenst aus? Beschreibe und male es.

○ Du kannst auch eine eigene Gespenstergeschichte schreiben.

Alice im Wunderland

Angefangen hatte es damit, dass Alice recht
neugierig war.
Und als eines Tages ein weißes Kaninchen
vorbeihüpfte,
5 eine Uhr aus der Westentasche zog und
dabei noch seufzte:
„Jeje, ich komme zu spät zur Königin!",
rannte sie ihm nach,
denn so etwas konnte sie sich
10 doch nicht entgehen lassen.

Doch das Kaninchen schlüpfte in eine Höhle hinein,
Alice hinter ihm her, und auf
einmal sauste sie hinab in ein Loch
und rutschte immer tiefer und
15 wurde dabei immer kleiner

und kleiner –

bis sie nur noch ein wenig größer war
als drei Daumen.

Dann flog sie sanft, ganz sanft wie
20 eine Schneeflocke hinab.
Das Kaninchen aber kroch aus dem
unterirdischen Gang wieder heraus,
niemand weiß wohin, und Alice blieb allein zurück.
Sie war ins Wunderland geraten.

25 Alice gelangte in einen Wald und sah dort
einen schönen Pilz,
auf dem sich eine große blaue Raupe
niedergelassen hatte.
Sie saß mit verschränkten Armen auf dem Hut
30 des Pilzes und rauchte gemütlich eine Pfeife,
ohne sie auch nur
im Geringsten zu beachten.

Schließlich nahm die Raupe die Pfeife aus dem Mund
und fragte: „Wer bist du?"

35 Alice antwortete: „Ich weiß es im Augenblick kaum.
Ich glaube, ich bin, seitdem ich heute morgen aufgestanden
bin, mehrmals ein anderer geworden."
„Was meinst du damit?", fragte die Raupe streng.
„Ich kann es nicht deutlicher erklären", antwortete Alice
40 sehr höflich. „Es ist sehr verwirrend, wenn man an
einem einzigen Tag so oft die Größe wechselt."
„Gar nicht", sagte die Raupe …

Dann fragte sie: „Bist du zufrieden, so wie du bist?"
„Nun, ich wäre gern ein bisschen größer", sagte Alice.
45 „Acht Zentimeter ist ein gar zu jämmerliches Maß!"
„Es ist ein sehr schönes Maß!", sagte die Raupe ärgerlich
und richtete sich auf. Sie war genau acht Zentimeter groß.
„Aber ich bin nicht daran gewöhnt", würgte Alice hervor
und dachte bei sich:
50 „Wenn diese Tiere nur nicht so schnell beleidigt wären!"

● Warum ist die Raupe beleidigt?

● Wie könnte das Gespräch zwischen Alice und der Raupe weitergehen?

Lewis Carroll

Lewis Carroll wurde 1832 in einer
kleinen Stadt in England geboren.
Er war als Professor für Mathematik
an einer Universität tätig.
Die Alice-Geschichten schrieb
Lewis Carroll für ein kleines Mädchen
mit Namen „Alice".
Er schenkte ihr die Geschichten
zu Weihnachten.

AH S. 44/45

Wörter nachschlagen

❶ Lies den Text und setze für die Bilder Nomen ein.

In der schleicht sich die  aus dem .

Über die 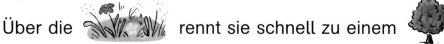 rennt sie schnell zu einem .

Dort klettert sie flink auf einen .

Eine läuft unten vorbei.

Die springt hinunter, aber die ist weg.

❷ Schlage die Nomen in der Wörterliste nach.

❸ Schreibe die Nomen mit Artikel
in der Einzahl und der Mehrzahl auf.
Schreibe so: *die Nacht – die Nächte, …*

❹ Übe den Text mit deinem Partner.

Vergesst
die Selbstkontrolle
nicht!

Fragesätze

❺ Schreibe die Sätze mit den Fragewörtern ab.

wer	wo	wie	wann

▨▨▨ schleicht sich aus dem Haus?

▨▨▨ geht sie aus dem Haus?

▨▨▨ rennt sie zu dem Baum?

▨▨▨ ist die Maus?

❻ Beantworte die Fragen in Sätzen.

Sätze bilden

❶ Bilde mit den Wortkarten drei Aussagesätze.

Schreibe den Satzanfang groß!

auf das Dach   die Katze   springt

steht   der Mond   am Himmel

lautlos   eine Eule   durch die Luft   fliegt

❷ Schreibe die Sätze auf.

❸ Zeichne alle Satzanfänge und Satzschlusszeichen farbig nach.

Reimwörter

❹ Finde Reimpaare.

Krach   Mast   Traum   Tatze   Haus   Riese

❺ Schreibe die Reimpaare auf.
Benutze die Wörterliste.
Markiere die veränderten Buchstaben.
Schreibe so: *Katze – Tatze, ...*

⑥ Du kannst noch eigene Reimwörter dazu schreiben.

d oder t?

| Han- | Saf- | Duf- | Kin- | Ban- | Kraf- |

❶ Wie heißen die Wörter?

❷ Findest du dazu Reimwörter?

❸ Bilde die Mehrzahl der Nomen.

❹ Schreibe Einzahl und Mehrzahl auf.

Zu einem Wort gibt es kein Reimwort!

Zusammengesetzte Nomen

❺ Setze jeweils zwei Nomen zusammen.
Schreibe so:
der Finger, der Nagel: der Fingernagel, …

Zahn   Schlüssel   Baum

Noten   Nagel   Hand

Käfig   Bürste   Apfel

Finger   Vogel   Schuh

❻ Stelle ähnliche Rätsel.

❼ Bilde zusammengesetzte Nomen mit „Haus".

Lang und kurz gesprochene Vokale

❶ Schreibe die Wörter paarweise ab.

Schafe   Hüte   wenn   schaffe   Schal   wen   Hütte   Schall

❷ Markiere die lang und kurz gesprochenen Vokale:
*Sch*a*fe – sch*a*ffe, …*

Wörter mit St

❸ Schreibe die Nomen zu den Bildern auf.
Kontrolliere mit der Wörterliste.

Silbenrätsel

❹ Aus diesen Silben kannst du Wörter bilden.
Schreibe sie in dein Heft.

Irr-   er-   Turm-   Ske-   Ge-   Eng-   Rit-

1.   spenster   2.   land   3.   garten

4.   lett   5.   uhr   6.   schrecken   7.   ter

❺ Schreibe jeweils den ersten Buchstaben jedes Wortes
hintereinander auf. Welches Lösungswort entsteht?

⑥ Du kannst ähnliche Rätsel erfinden.

Wörter mit doppelten Konsonanten

HIMMELSCHWIMMENSONNEWOLLENWASSERSCHNELL

❶ Trenne die Schlange in einzelne Wörter. Schreibe sie auf. Kontrolliere mit der Wörterliste.

❷ Schreibe die „du"-Form zu den Verben auf.

don-	begin-	kom-	wis-	sol-	wol-
-men	-nern	-len	-nen	-len	-sen

❸ Aus je einer oberen und einer unteren Silbe kannst du ein Verb bilden. Schreibe so: *don-nern: donnern, ...*

Die Kinder hören es in der Ferne donnern ▨
Ob es gleich zu regnen beginnt ▨
Kommt schnell aus dem Wasser ▨ Da, ein Blitz ▨
Das Gewitter ist plötzlich ganz nah ▨

❹ Schreibe den Text ab. Setze die Satzschlusszeichen ein.

Das Gewitter

Die Sonne geht unter. Doch die Kinder wollen noch schwimmen.
Plötzlich wird der Himmel grau. In der Ferne donnert es.
Da beginnt es auch schon zu regnen.
Die Kinder kommen schnell aus dem Wasser.
Sie wissen, bei Gewitter soll man nicht baden.

❺ Schreibe den Text ab.
Unterstreiche alle Wörter mit Doppelkonsonanten.

❻ Übe den Text als Diktat.

wollen donnern kommen beginnen wissen sollen schnell

Briefe von Felix ◁ S. 100/101 🦎

❶ Schreibe die zutreffenden Sätze auf.

Sophie hat Felix auf dem Bahnhof verloren.
Sophie hat Felix auf dem Flughafen verloren.

Sophie schaut im Lexikon nach.
Sophie schaut im Wörterbuch nach.

Die Hauptstadt von England ist London.
Die Hauptstadt von England ist Europa.

Spuk im Schloss ◁ S. 102/103 🦎

❷ Welche Sätze sind richtig, welche falsch?
Schreibe die dazugehörigen Buchstaben auf.
Sie ergeben ein Lösungswort.

	ja	nein
Peter und Caroline besuchten ihren Onkel Arthur.	H	F
Ihm gehört ein englisches Schloss.	L	A
Der Geist im Haus heißt Henry.	U	L
Peter und Caroline wollten nachts wach bleiben.	S	K
Sie trafen sich auf dem unteren Gang.	K	G
Das Gespenst hatte eine Kette um den Hals.	P	E
Das Gespenst summte leise.	I	N
Es verschwand durch eine Wand.	S	K
Es löste sich in Luft auf.	O	T

Fühlen und beschreiben

Mit den Händen sehen

① Welche Spielsachen sind in den Fühlkästen?

> **Adjektive (Wiewörter)** beschreiben, wie Menschen, Tiere, Pflanzen und Dinge sind.
> Sie werden **kleingeschrieben**: Der Ball ist **groß**.

Die Kinder der Klasse 2 b haben ihre Spielsachen mitgebracht und passende Adjektive für sie gesammelt.

weich   klein   flach   rund   glatt   groß

② Beschreibe die Spielsachen.

③ Schreibe in Sätzen, wie die Spielsachen sind.

④ Welche Adjektive passen zu deinem Lieblingsspielzeug? Schreibe drei Sätze.

114

AH S. 46

❶ Die Kinder sollen mit verbundenen Augen weitere Dinge ertasten und beschreiben, was sie fühlen.
Schreibe die Sätze mit den passenden Adjektiven auf.

eckig   lang   rau   glatt   klein   dünn

Maro fühlt ein Auto.
Er fühlt ein ▨▨▨ Auto.
Er fühlt ein ▨▨▨, ▨▨▨ Auto.
Er fühlt ein ▨▨▨, ▨▨▨, ▨▨▨ Auto.

Lotta fühlt ein Seil.
Sie fühlt ein ▨▨▨ Seil.
Sie fühlt ein ▨▨▨, ▨▨▨ Seil.
Sie fühlt ein ▨▨▨, ▨▨▨, ▨▨▨ Seil.

> **Adjektive** können auch **vor** einem **Nomen** stehen.
> Dann verändern sie sich: groß – der groß**e** Ball.

② Beschreibe Dinge aus deinem Klassenzimmer.
Schreibe so: *Ich sehe einen grünen, … Gegenstand.*
Lass deinen Nachbarn raten.

🐸 S. 124–125

Wir beschreiben uns

Du
Ich behaupte,
ohne zu übertreiben –
ich kann dich ungesehen
beschreiben:

Deine Augen sind blau,
schwarz, braun, grün oder grau.
Deine Nase ist lang gezogen,
stumpf, kurz, breit,
stupsig oder abwärts gebogen.
Deine Haare sind dunkel,
rot oder braun, blond aufgehellt,
gekraust, gelockt,
steckengerade oder gewellt,
sind kurz geschoren oder reichen
bis unter die Schultern.

Unzutreffendes streichen.

Hans Manz

❶ Lies den Text. Warum ist er witzig?

❷ Schreibe den Text ab. Unterstreiche die Adjektive.

❸ Was streichst du in dem Gedicht, wenn du deine Freundin
oder deinen Freund beschreibst?

④ Beschreibe ein Kind aus deiner Klasse. Die anderen müssen raten.

116

AH S. 48

So bin ich

Ich heiße Daniel.
Meine Haare sind dunkel.
Mit meinem Dackel spiele ich
oft draußen. Ich lese gerne
Drachengeschichten.
Diktate mag ich aber gar nicht.

❶ Schreibe alle Wörter mit D/d am Wortanfang heraus.

❷ Schreibe weitere Wörter mit D/d am Wortanfang
aus der Wörterliste heraus.

Ich heiße Pia.
Meine Brille ist pink.
In der Pause tobe ich mit
meinen Freundinnen herum.
Zu Hause spiele ich mit meiner Puppe.
Am liebsten esse ich Pizza.

❸ Schreibe alle Wörter mit P/p am Wortanfang heraus.

❹ Schreibe weitere Wörter mit P/p am Wortanfang
aus der Wörterliste heraus.

❺ Beschreibe dich selbst.

⑥ Ihr könnt mit euren Steckbriefen eine Ausstellung machen.

 S. 125

Tiere beobachten

Lotta soll ein Tier beschreiben.
Im Baum vor dem Fenster sitzt ein Eichhörnchen.
Lotta schreibt einen Steckbrief und malt ein Bild dazu.

Das Eichhörnchen

Das Eichhörnchen hat ein Fell.
Es hat einen Bauch und Augen.
Außerdem hat es einen Schwanz
und Krallen.

Nicole

❶ Beschreibe das Eichhörnchen genauer.
Welche Adjektive passen zu den Nomen?

buschig   weiß   rotbraun   scharf   weich

lang   spitz   groß   dunkelbraun   hell

❷ Schreibe die Sätze mit den Adjektiven auf.
Bilde verlängerte Sätze.
Schreibe so:
Das Eichhörnchen hat ein rotbraunes, … Fell.

③ Sammle Adjektive zu einem anderen Tier.
Beschreibe es in einem Steckbrief.

🐿 S. 126 >

AH S. 50

Das Amselnest

– Dann sammelt sie Zweige im Schnabel.

– Zum Schluss setzt die Amsel sich zum Brüten darauf.

– Danach polstert sie das Nest mit Erde und Gräsern aus.

– Anschließend legt sie ihre Eier hinein.

– Nun baut die Amsel ihr Nest aus den Zweigen, Laub und Moos.

– Zuerst sucht die Amsel in den Hecken nach einem Platz
  für ihr Nest.

❶ Lies den Text und vergleiche mit den Bildern.

❷ Schreibe den Text in der richtigen Reihenfolge ab.

Das Eichhörnchen

Es *blinzelt/schaut* aufmerksam umher.

Es *springt/hüpft* von Ast zu Ast.

Es *frisst/knabbert* eine Nuss.

❶ Welche Verben beschreiben die Bilder am besten?
Schreibe diese Sätze ab.

> Zu einem **Wortfeld** gehören **Wörter mit ähnlicher Bedeutung**.
> Mit ihnen kann man etwas genauer ausdrücken.
> Wortfeld „gehen": laufen, hüpfen, springen, …
> Wortfeld „essen": fressen, knabbern, mampfen, …

Lotta *schaut/blinzelt* aus dem Fenster.
Plötzlich *erkennt/entdeckt* sie das Eichhörnchen.
Lotta *besichtigt/beobachtet* das Tier.
Das Eichhörnchen *starrt/sieht* eine Amsel an.
Die Amsel *blickt/guckt* aufgeregt umher
und schimpft.
Muss sie Angst um ihre Eier haben?

❷ Schreibe den Text mit den jeweils passenden Verben auf.
Unterstreiche die eingesetzten Verben.

❸ Schreibe diese Verben nun so auf: *sie schaut – schauen, …*

Die Amsel ░░░░ aufgeregt hin und her.

Plötzlich ░░░░ das Eichhörnchen

in die Hecke. Lotta ░░░░ in den Garten.

Sie ░░░░ zu den Sträuchern und

schaut in das Nest. Noch ist es leer.

Das Eichhörnchen ░░░░ den nächsten

Baum hoch.

Erleichtert ░░░░ Lotta wieder ins Haus.

springt   rennt   läuft   geht   klettert   hüpft

❹ Schreibe den Text mit den zutreffenden Verben auf.

❺ Finde noch weitere Verben zum Wortfeld „gehen".

das Tier   in der Erde   gräbt   unter einem Strauch

eine Haselnuss   dort   das Eichhörnchen   findet

knackt   es   die harte Schale   mit den Zähnen

besonders gut   dem Eichhörnchen   schmeckt   der weiche Kern

❻ Bilde aus den Satzteilen vollständige Sätze.
   Achte auf die Satzanfänge und die Satzschlusszeichen.

❼ Lies deinen Text vor.
   Habt ihr alle die gleichen Sätze geschrieben?

⑧ Informiere dich über Eichhörnchen und
   schreibe weitere Sätze.

🐿 S. 127 >

Gefühle sind wie Farben

Farben können manchmal Gefühle besonders gut beschreiben.

Paul mag Lotta sehr.
Sie hat ihn angelächelt.
Er sieht alles rosarot.

Maro hat Kim die Stifte
weggenommen.
Kim ist rot vor Wut.

❶ Kennst du das auch?
   Erkläre die Sätze unter den Bildern.

❷ Finde weitere Beispiele.

Diesmal hat Pit sicher viele Fehler im Diktat.
Er sieht ░░░░░.

Du hast Langeweile und bist allein.
Für dich ist alles ░░░░░.

Maro fühlt sich richtig wohl.
Die Welt ist für ihn ganz ░░░░░.

   bunt   grau   schwarz

❸ Welche Farben passen am besten?
   Schreibe die Sätze auf.

④ Wann ist für dich alles grau?

 S. 130–131

Elfchen

Diese Elfchen haben die Kinder einer 2. Klasse geschrieben:

Bunt
Die Blumen
Sie sind schön
Ich pflücke einen Strauß
Wundervoll

Blau
Der Himmel
Wolken werden grau
Ich schau nach oben
Regen

Elfchen sind kurze Gedichte, die sich nicht reimen.
Sie bestehen **aus elf Wörtern**.
Zeile 1: ein Adjektiv
Zeile 2: ein Nomen mit Artikel, das zum Adjektiv passt
Zeile 3: ein Satz aus drei Wörtern, der zur Sache passt
Zeile 4: ein Satz mit vier Wörtern, der mit „ich" beginnt
Zeile 5: ein Wort als Schluss

---

❶ Schreibe ein Wiesenelfchen.
Diese Vorgaben helfen dir weiter:

Wiesenelfchen
Zeile 1: ein Adjektiv, das zur Wiese passt
Zeile 2: ein passendes Nomen mit Artikel
Zeile 3: Wie ist das Nomen?
Zeile 4: Was tust du?
Zeile 5: ein Schlusswort

Denke an die
Anzahl der Wörter
in jeder Zeile.

② Schreibe ein eigenes Elfchen.

Mit den Füßen sehen S. 137

Am Montag stellt die Lehrerin Frau Bär
Kartons in einer langen Reihe auf den Boden.
Da sind geheimnisvolle Dinge drin.
„Heute wollen wir mit den Füßen sehen", sagt sie.
5 „Zieht bitte alle eure Schuhe und Strümpfe aus!"

Ruck, zuck reißen sich Max und Anna
die Sandalen von den Füßen.
Lara und Marvin murren.
Sie haben Doppelknoten
10 in den Schnürsenkeln.

Wer fertig ist, darf schon mal langsam
durch die Kartons gehen.
„Iih, das pikst ja!", schreit Anna.
„Das hier ist ganz weich!",
15 ruft Max, „Probier mal."
Die Kinder quieken und lachen.
In jedem Karton ist etwas anderes:
Holzstöckchen oder Korken.
Schafswolle oder Moos.
20 Kiefernzapfen oder Eicheln.

Max macht als Erster die Augen zu.
Anna und Salih führen ihn
durch die Kartons.
Er soll nun mit
25 den Füßen sehen!
„Kinderleicht", sagt Max
und tappt vorsichtig los.

124

Aber dann weiß er nicht:
Piksen die Holzstöckchen
30 oder die Kiefernzapfen?
Ist das Weiche die Schafswolle
oder das Moos?
Tun die Eicheln oder die Korken
unter den Fußsohlen so weh?
35 Zum Glück kann er es gleich
noch mal probieren.

Hanneliese Schulze

○ Warum ist es wohl so schwierig, etwas mit den Füßen zu ertasten?
   Ihr könnt es selbst ausprobieren.

Was mein Körper alles kann

Ich habe zwei Augen, um dich zu sehen.
Ich habe zwei Beine, um zu dir zu gehen.

Ich habe zwei Arme, die im Dunkeln dich führen.
Ich habe zwei Hände, die dich gerne berühren.

Ich habe zwei Ohren, um dir zuzuhören.
Ich hab' einen Mund, der will dich nicht stören.

Ich hab' eine Nase, die schnuppert im Topf,
und wenn ich denken will, benutz' ich den Kopf.

Sabine Trautmann

Heute geh ich
aus dem Haus

Heute geh ich aus dem Haus
in die weite Welt hinaus.

Will mit meinen Augen sehen,
wie der Fuchs den Hasen jagt
und der Biber Bäume nagt.

Will mit meiner Nase riechen,
was so durch die Lüfte fliegt
und in unserem Garten blüht.

Will mit meinen Ohren hören,
was der Wind dem Raben sagt
und der Frosch im Stadtpark quakt.

Will mit meiner Zunge schmecken
Nachbars Äpfel, Birnen, Pflaumen
und den ungewasch'nen Daumen.

Will mit meinen Händen fühlen,
ob der Schmerz im Feuer liegt
und der Igel wirklich pikt.

Müde schleiche ich nach Haus –
doch morgen geh' ich wieder aus!

Helme Heine

● Was kannst du sehen, riechen, hören, schmecken und fühlen,
wenn du in den Garten oder in den Park gehst?

Wie Tiere ihre Umwelt wahrnehmen S. 137

Der Hund verlässt sich meist
auf seinen Geruchssinn.
Mit der Schnauze auf dem Boden
verfolgt er eine Spur.

Ratten finden sogar in der
Dunkelheit ihren Weg. Mit ihren
dicken, steifen Tasthaaren
ertasten sie jedes Hindernis.

Bienen ertasten mit ihren Fühlern,
wie groß die Öffnung
des Bienenstocks ist.
Außerdem können Bienen
mit ihren Fühlern schmecken.

Obwohl Eichhörnchen ihre ver-
grabenen Vorräte durch den
Schnee riechen, können sie sich
nicht an alle Orte erinnern.

- Hast du schon einmal beobachtet, wie eine Fliege ein Stück Käse oder einen Klecks Marmelade mit ihren Beinchen untersucht?

- Was passiert mit den nicht gefundenen Vorräten der Eichhörnchen?

Sascha

Sascha ist fast zehn Jahre alt.
Als kleines Kind hat er lange im Krankenhaus gelegen,
darum geht er erst in die 2. Klasse.
Sascha kann nicht so gut laufen.

5 Er braucht ein großes Gestell als Laufhilfe.
Am liebsten krabbelt er auf allen vieren.
Manchmal bewegen sich seine Hände
und Beine ganz seltsam.
Dann kann er gar nichts mit ihnen anfangen.

10 Er spielt mit seinen Freunden gerne „Uno"
oder „Verrücktes Labyrinth 📖".

Eines Tages bekommt die Klasse 2c eine neue Lehrerin.
Die Lehrerin ist nett, aber sie weiß nicht viel über Sascha.
Sascha macht Faxen.

15 Alle lachen.
Nur die Lehrerin nicht. Sie tut, als ob gar nichts sei.

Sascha sagt: „Ich kann das nicht abschreiben."
Die Lehrerin gibt ihm dann eine neue Aufgabe.

Sascha sitzt unter dem Tisch. Die Lehrerin läuft zu ihm.

20 „Bist du hingefallen?", fragt sie besorgt.
„Nein", sagt Sascha.
Die Lehrerin schluckt.
Sie versucht Sascha unter dem Tisch zu übersehen.

Am nächsten Tag sitzt Sascha wieder unter dem Tisch.
25 „Warum sitzt du eigentlich da unten?", fragt die Lehrerin.
„Weil ich möchte, dass du mit mir genauso schimpfst
wie mit den anderen."

Sabine Trautmann

● Warum schimpft die Lehrerin nicht mit Sascha?

● Was will Sascha erreichen?

Meins

Augen, Nase, Mund und Ohren,
Finger, um darin zu bohren,
Arme, Hände, Füße, Beine
und des Weiteren noch meine
Brust, der Rücken ebenso
und der Kopf, der Bauch und Po:
All das und noch vieles mehr
gehört zu mir, geb ich nicht her.

Regina Schwarz

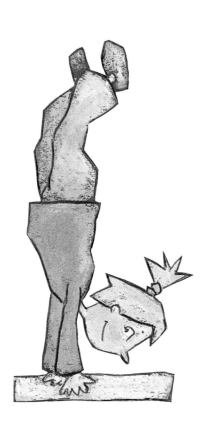

● Lerne das Gedicht auswendig.

● Zeige dabei auf das jeweilige Körperteil.

Jeder Tag hat eine Farbe

Manche Tage sind gelb
und manche blau.
Die Farbe ändert sich –
und ich?

5 Heute steh ich,
und morgen steh ich Kopf.
Meine kunterbunten Launen
bringen mich zum Staunen.

Sind die Tage rot wie Glut,
10 fühle ich mich richtig gut.
Wie ein Pferd werfe ich die Hufe,
nehme spielend jede Stufe.

Und an himmelblauen Tagen
kann ich mit den Flügeln schlagen.

15 Manchmal ist ein Tag ganz braun,
keiner von den bunten.
Ich mag nicht aus den Augen schaun
und fühl mich ganz tief unten.

Dann kommt ein gelber Tag
20 und summmmmmm
wie eine Biene flieg ich rum.
Ein grauer Tag – die Welt ist flau.
Nichts rührt sich,
nichts rührt mich –
25 ich schau.

Ein Tag, orange voll Zirkuslaunen,
lässt mich wie eine Robbe staunen.

Ein grüner Tag – und mein Gefühl
wird gelassen, ruhig und kühl.
30 wie ein Fisch gleit ich daher,
tief im stillen, dunklen Meer.

Lila Tage sind ganz schwer.
Ich finde alles öd und leer.
Ich gehe ganz alleine
35 und weine.

An rosa Tagen geht´s mir prächtig.
Stolzieren und Springen gefällt mir mächtig.

An schwarzen Tagen bin ich laut.
ich knurre, heule, brülle, dass es jedem graut.

40 Ein Durcheinander-Tag ist wild und bunt.
In mir drin geht´s ganz schön rund.

Nach alledem wird endlich klar:
Ich bin und bleibe, wer ich war.
Die Farbe ändert sich,
45 doch ich bleib ich.

Dr. Seuss (deutsch von Uli Blume)

● Welche Farbe passt heute zu dir?

Nomen

❶ Schreibe die Wörter mit Artikel auf,
die zu dem nebenstehenden Bild passen.

Schnecken	Käfer	Kühe
Bienen	Wiesel
Ameisen	Pferde	Raupen
Regenwürmer	Frösche
Spinnen	Vögel

Teddy	Suppenschüssel
Puppe	Lampenschirm
Kinderwagen	Garage
Eisenbahn	Eisdiele
Bücher	Bild	Schal

❷ Lies die folgenden Texte erst langsam,
dann immer schneller.

In Ulm, um Ulm und um Ulm herum.

Zwischen zwei spitzen Steinen sitzen zischende Schlangen.

Drei Teertonnen, drei Trenntonnen,
drei Teertonnen, drei Trenntonnen …

❸ Schreibe deinen Lieblingsvers ab.

❹ Lies die Geschichte.

Wie schmeckt das?
Mona bindet Tom die Augen zu.
Dann reibt sie eine Möhre und einen Apfel.
Tom muss sich die Nase zuhalten.
Mona füttert ihn mit dem Apfel.
Ob Tom schmeckt, was er im Mund hat?

❺ Schreibe den Text ab.

❻ Unterstreiche die Nomen.

❼ Schreibe die Nomen mit Artikel in dein Heft.

❽ Lies die untereinander stehenden Wörter.

Winter	Kinder
Winterschlaf	Kinderzimmer
Winterschlafplatz	Kinderzimmerschrank

❾ Schreibe die Wörtertreppen ab.

❿ Schreibe die einzelnen Nomen mit Artikel auf:
der Winter, der Schlaf, ...

⓫ Bilde auch aus den folgenden Nomen Wörtertreppen.
Schreibe sie auf.

Fuß   Ball   Spiel   Traum   Haus   Gewinn

⑫ Du kannst eigene Wörtertreppen bilden.

Adjektive

Mit deinen fünf Sinnen entdeckst du die Welt.
Du kannst sehen, fühlen, hören, schmecken und
manchmal riechen, wie etwas ist.

❶ Welche Eigenschaften kannst du sehen,
welche fühlen, hören und schmecken?
Schreibe auf, welche Adjektive
zu welchem Sinn passen.
sehen: *dick, glatt, gelb, ...*
fühlen: *dick, glatt, hart, ...*

Ob meine Schnauze lang ist, kann ich sehen oder fühlen.

bitter	dick	gelb	glatt	groß	hart
kalt	kurz	lang	laut	leise	salzig
sauer	scharf	süß	warm	weich	weiß

❷ Bilde mit den Adjektiven Sätze: *Der Ball ist groß.*

❸ Schreibe nun so auf: *der große Ball, ...*

❹ Schreibe den Text ab.

Tim ist krank

Tim hat einen trockenen Hals.
Seine rote Nase läuft.
Mutter kühlt Tims heiße Stirn.
Sie macht ihm kalte Umschläge.
Vater gibt ihm warmen Tee.
Er liest ihm eine schöne Geschichte vor.

❺ Wie sind sein Hals, seine Nase,
seine Stirn, die Umschläge,
der Tee und die Geschichte?
Schreibe so: *Tims Hals ist trocken. Seine Nase ...*

Wortfelder

❶ Schreibe den Text mit den passenden Verben auf.
Benutze jedes Verb nur einmal.

schauen   entdecken   gucken   beobachten   starren

Entsetzt ░░░░░ Lena auf ihr Heft.
Mitten auf der Seite ░░░░░ sie ein rotes Herz.
Vorhin hat Uwe sie die ganze Zeit ░░░░░.
Ob er das Herz gemalt hat?
Lena ░░░░░ sich im Klassenraum um.
Uwe ░░░░░ zur Tafel.
Nachher wird Lena mit ihm reden.

❷ Finde weitere Wörter für das Wortfeld „sehen". Schreibe sie auf.

❸ Schreibe den Text mit den passenden Verben auf.

laufen   schlendern   gehen   schleichen

Lena kommt aus der Schule. Sie ist wütend.
Uwe hat alles abgestritten.
Aber jetzt ░░░░░ er hinter ihr her.
Lena ░░░░░ am Schulhaus vorbei.
An der Ecke schaut sie sich um.
Uwe ░░░░░ ganz langsam die Straße entlang.
Er lacht sie an.
Soll Lena warten oder nach Hause ░░░░░?

❹ Schreibe die eingesetzten Verben so auf: *er läuft – laufen, …*

⑤ Schreibe die Geschichte von Lena und Uwe zu Ende.

❻ Welche Verben gehören zum Wortfeld „sprechen"? Schreibe sie ab."

sagen   lesen   rufen   reden   schreien   hüpfen

erzählen   flüstern   essen   meinen   spazieren

Wörter mit P/p und D/d

❶ Schreibe alle Wörter mit P/p am Wortanfang heraus.

In der Pause erzählt Pia von ihren Geschenken:
Mit der Post bekam sie von einer Freundin
neue Pinsel zum Malen.
Aus Pappe und Papier bastelte
ihre kleine Schwester ein putziges Haus.
Ihr Papa überraschte sie mit einem großen Paket
mit einer schönen Puppe.
Plötzlich läutet es und der Unterricht geht weiter.

❷ Welches Adjektiv passt zu welchem Nomen?
Es gibt mehrere Möglichkeiten.
Schreibe so: *Das Ferkel ist dick. ...*

dünn	dick	dunkel	dreckig	dicht

Buch	Ferkel	Wald	Fell	Zimmer

❸ Ordne die versteckten Verben nach d und p in einer Tabelle.

denkenputzenpassendankendrehenpolternpetzenduschendürfenpurzeln

Mit den Händen sehen

Lotta verbindet Maro die Augen
mit einem dunklen Tuch.
Er tastet mit den Händen.
Die Puppe war einfach.
Nun dreht Maro den dicken Pinsel
und denkt nach. Plötzlich läutet es.
Alle dürfen in die Pause gehen.

❹ Übe den Text als Diktat.

plötzlich   denken   Puppe   dürfen   dick   drehen

Mit den Füßen sehen 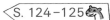 S. 124–125

❶ Schreibe die richtigen Sätze auf.

Die Lehrer stellt die Kartons in einer Reihe auf.	A
Die Lehrerin stellt die Kartons in einem Stapel auf.	S
Anna und Max ziehen ihre Stiefel aus.	C
Anna und Max ziehen ihre Sandalen aus.	U
In einem Karton ist Laub.	H
In einem Karton ist Moos.	G
Anna schließt zuerst die Augen.	U
Max schließt zuerst die Augen.	E
Max darf es noch einmal probieren.	N
Anna darf es noch einmal probieren.	H

❷ Notiere die Buchstaben hinter den richtigen Sätzen.
Sie ergeben ein Lösungswort.

Wie die Tiere ihre Umwelt wahrnehmen S. 127

❸ Schreibe die Sätze mit den richtigen Tiernamen auf.

░░░░░ finden sich auch zurecht, wenn es dunkel ist,

denn sie ertasten mit ihren Tasthaaren die Umgebung.

░░░░░ verfolgen mit der Schnauze jede Spur.

░░░░░ können mit ihren Fühlern schmecken.

░░░░░ können sich nicht an alle Vorräte erinnern.

Geschichten und Märchen

Maro hat Ferien

Endlich hat Maro Ferien.
Er will in dieser Woche viel
unternehmen.
Für Montag hat er sich mit Lotta
zum Schwimmen verabredet.
Dienstag und Freitag spielt er
Fußball in seinem Verein.
Mit seiner Freundin Lea wird er
den ganzen Mittwoch
auf dem Bauernhof verbringen.
Am Donnerstag bleibt Maro zu Hause.
Ganz besonders freut er sich
auf das Wochenende.
Am Samstag gehen seine Eltern
mit ihm in den Zoo und
am Sonntag fährt er mit seiner Oma
in den Märchenwald.

❶ Schreibe die Wochentage
aus dem Text heraus.

❷ Ordne die Wochentage
in der richtigen Reihenfolge untereinander.

❸ Schreibe daneben, was Maro
an jedem Tag machen will.

④ Wie sieht dein Plan für
diese Woche aus? Schreibe ihn auf.
Du kannst auch Bilder dazu malen.

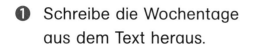 S. 152/153

AH S. 55

Ein Tag bei Lea

Maros Freundin Lea lebt
auf dem Bauernhof.
Sie spielt oft mit ihrem Bruder.
Am Morgen holt Lea mit ihrer Mutter
die Hühnereier.
Später fährt der Großvater mit ihr
auf das Feld.
Anschließend füttert Lea mit
ihrem Vater die Schweine.
Dann spielt sie mit ihrem Onkel Schach.
Am Abend kocht Lea
mit der Tante Pudding.
Zum Abschluss des Tages liest
Großmutter ihr noch eine
Geschichte vor.
Lea freut sich auf Mittwoch.
Dann bekommt sie Besuch von Maro.

❶ Wer von Leas Familie lebt
auf dem Bauernhof?

❷ Was unternehmen die einzelnen Familien-
mitglieder zusammen mit Lea?
Schreibe so:
Der Bruder spielt mit ihr. – Er spielt mit ihr.

③ Du kannst auch aufschreiben,
welche Personen zu
deinen Verwandten gehören und
was du mit ihnen machst.
Schreibe so:
Mit meinem Vater spiele ich Fußball.

So ein Tag
macht mich
müde.

Besuch im Zoo

Maro und seine Eltern müssen
lange an der Kasse des Zoos auf
ihre Karten warten. Zuerst gehen
sie zu den Wieseln.
Warum hockt das kleine Wiesel so
allein auf dem Stein?
Ob es wohl krank ist?
An die Krokodile will Maro nicht so
nah herangehen. Er mag lieber
die Zebras.
Gerne würde er wissen, ob
die Streifen schwarz oder weiß sind.
Es ist heiß heute und deshalb darf
Maro sich Limonade kaufen.
Zuletzt besuchen sie die Affen.
Diese klettern in Reifen und streiten
sich um die Bananen.
Obwohl Maro schon müde ist,
will er zum Schluss noch auf
dem Pony reiten.

Ich besuche
das kranke
Wiesel.

❶ Schreibe alle Wörter mit K/k am Wortanfang heraus.

❷ Schreibe alle Wörter mit dem Zwielaut ei heraus.
Unterstreiche den Zwielaut.

❸ Immer zwei Wörter mit ei reimen sich.
Schreibe sie nebeneinander.
Ergänze sie mit den folgenden Wörtern:

meine   begreifen   fein   begleiten   Fleiß

AH S. 56

Was will ich werden?

Maro erzählt seinen Freunden Laura und Faruk:
„Mein schönstes Ferienerlebnis war der Ausflug zum Zoo. Nun weiß ich, was ich werden will. Ich werde Zoodirektor. Laura, willst du nicht Tierpflegerin werden? Dann könnten wir immer zusammen arbeiten."
„O nein", lacht Laura, „das ist nichts für mich. Ich möchte später Tänzerin oder Schauspielerin werden, weil ich mich gern verkleide."
Darauf meint Faruk: „Ich werde Tierarzt. Vielleicht komme ich zu dir in den Zoo. Das wäre doch toll, oder?"

❶ Welche Berufe werden im Text genannt?

❷ Lege eine Tabelle an und trage die Berufsbezeichnungen für Mädchen und Jungen ein. Ergänze die andere Spalte.

Mädchen	Jungen
Zoodirektorin	Zoodirektor
Tier …	

❸ Trage weitere Berufe ein.

④ Was möchtet ihr später werden?
Sprecht darüber und nennt Gründe für eure Wünsche.

Im Märchenwald

Lotta darf mit Maro und seiner Oma
in den Märchenwald fahren.
Zuerst gehen sie durch einen dunklen Wald.
Dann kommen sie auf eine große Wiese.
Dort sind viele Häuschen aufgebaut,
in denen Märchen gezeigt werden.

❶ Welche Märchen werden in den Häuschen dargestellt?

Liebe Cousine,

ich habe mich von den Ereignissen
nur schwer erholt. Man sagt mir nach,
ich hätte ein kleines Mädchen fressen
wollen, das seiner Großmutter Kuchen
und Wein bringen wollte. Dabei war es
nur ein harmloser Streich.
Ich hoffe, du glaubst mir!

Es grüßt dich dein ...

Ihr Lieben,

nun haben wir endlich nach
Hause gefunden. Unser Vater
war sehr froh, dass wir solchen
Reichtum mitbrachten. Nie
wieder werden wir in ein Haus
aus Lebkuchen gehen!

Liebe Grüße von ...

❷ Wer hat die Briefe geschrieben?

❸ Schreibe einen Brief ab und ergänze die Unterschrift.

🐿 S. 156/157

AH S. 58

Viele Märchen

Die böse Königin ▨▨▨▨   suchen
Schneewittchen zu vergiften.

         versuchen

Die Geißenmutter ▨▨▨▨
ihre sieben Geißlein.

Die Königin wollte nicht ▨▨▨▨, dass
Rumpelstilzchen ihr Kind mitnahm.   lassen

Die Pechmarie wollte die Brote   zulassen
im Ofen verbrennen ▨▨▨▨.

Der Wolf wollte Rotkäppchen ▨▨▨▨,
dass er die Großmutter wäre.

       machen

Die Goldmarie musste
bei Frau Holle oft die Betten ▨▨▨▨.   vormachen

❶ Schreibe die Sätze auf und setze die treffenden Verben ein.

Vorsilben verändern den Sinn eines Verbs:
laufen – **ver**laufen – **vor**laufen – **ab**laufen.

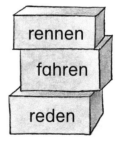

❷ Bilde sinnvolle Verben und schreibe sie auf.

③ Du kannst Sätze mit diesen Verben bilden.

🐺 S. 155

Märchen

Märchen spielen in der Vergangenheit. Sie beginnen oft
mit „Es war einmal …" und enden mit „… und wenn
sie nicht gestorben sind, so leben sie noch heute."
Oft spielen in Märchen Zahlen eine wichtige Rolle.

Der Wolf und die Geißlein

Die Federn

Schneewittchen und die Zwerge

Die Brüder

Die Raben

 = drei   ● = sieben   ■ = zwölf

❶ Ersetze die Zeichen durch Zahlwörter.

❷ Schreibe die Namen der Märchen richtig auf.

③ Welche dieser Märchen kennst du?
Du kannst die Märchen lesen, die du nicht kennst.

In einigen Märchen haben die Hauptpersonen
drei Wünsche frei.

❹ Welche drei Wünsche würdest du gerne
erfüllt bekommen? Schreibe sie auf.

Ich wünsche mir drei Sonnentage

S. 160/161

146

Der Wolf und die sieben Geißlein

❶ Wer spricht im Märchen Piris Gedicht?

❷ Erzähle das Märchen mit Hilfe der Bilder.

❸ Du kannst zu einem Bild einen Text schreiben.

S. 156

Was rumpelt und pumpelt in meinem Bauch herum? Ich meine, es wären sechs Geißlein, doch sind's lauter Wackerstein.

Schneewittchen

Schneewittchen erwacht
in einem Bett.
Sie schaut sich in dem
Zimmer um und erblickt
sieben Zwerge mit roten
Mützen. Auf dem Tisch
stehen Teller und Becher.
Daneben liegen Löffel und
Messer.

Schneewittchen erwacht in
einem Bettchen. Sie schaut
sich in dem Zimmer um
und erblickt sieben Zwerglein
mit roten Mützchen.
Auf dem Tischchen stehen
Tellerchen und Becherchen.
Daneben liegen Löffelchen
und Messerchen.

❶ Welcher Text beschreibt das Zwergenhaus besser?
   Begründe deine Meinung.

> Die **Endsilben -chen** und **-lein** verkleinern Nomen.
> Diese Nomen haben in der Einzahl immer den Artikel **das**.

❷ Schreibe die Nomen mit -chen und -lein mit Artikel auf.

❸ Schreibe die Grundwörter dazu: *das Bettchen – das Bett, …*

   Heft   Bild   Sessel   Ring   Eimer

❹ Schreibe die Nomen mit Artikel untereinander.
   Bilde die Verkleinerung. Schreibe sie mit Artikel daneben.

🐴 S. 158

Däumelinchen

Es war einmal ein Mädchen, das war nur so groß wie ein Daumen.
Darum wurde es Däumelinchen genannt.

Däumelinchen war:

Ein niedliches Kind
mit winzigen Fingern,
blauen Augen und
einem rosa Mund.
Als Bett hatte es eine
halbierte Walnussschale.
Mit einem Rosenblatt
deckte es sich zu.

❶ Lies den Text und verändere ihn so, dass Däumelinchen besser
beschrieben wird: *Däumelinchen war ein niedliches Kindchen …*

> Wenn man die **Endsilben -chen** und **-lein** benutzt,
> wird manchmal aus einem Vokal ein Umlaut.
> Auch der Zwielaut au kann sich verändern.

❷ Schreibe das Grundwort und die Verkleinerung
aus dem Text auf.
Schreibe so: *Aus Kind wird Kindchen, …*

*Manchmal gibt es auch
zwei Möglichkeiten.*

Rock   Baum   Bauch

Buch   Tuch   Katze   Maus

❸ Schreibe die Nomen mit Artikel untereinander.
Bilde die Verkleinerung. Schreibe sie mit Artikel daneben.

 S. 159

Frau Holle

Eine Witwe 📖 hatte zwei Töchter, davon war die eine faul und hässlich, die andere fleißig und schön. Sie hatte aber die Faule viel lieber, weil die ihre richtige Tochter war. Die Fleißige musste jeden Tag am Brunnen spinnen.
Einmal fiel ihr jedoch die Spule hinein. Sie sprang hinterher, um sie zu holen. Nach einem langen Weg kam sie zu Frau Holle. Dort arbeitete sie ordentlich und fleißig. Als sie nach Hause wollte, musste sie durch ein Tor gehen und wurde mit Gold überschüttet. Die andere Tochter wollte nun das gleiche Glück haben.
Sie war aber unordentlich und faul.
Als sie nach Hause kam, war sie mit schwarzem Pech überschüttet.

❶ Wie werden die beiden Töchter beschrieben?
Schreibe so: *Die eine Tochter war … Die andere Tochter war …*

süß	rau	kalt	dick	lang	klein
schwer	gelb	jung	böse	spät	schnell

❷ Suche zu jedem dieser Adjektive das Gegenteil.
Schreibe so: *süß – sauer, …*

Zu einem Adjektiv gibt es kein Gegenteil.

❸ Findest du noch weitere Gegensatzpaare?

❹ Bilde Sätze mit einigen Adjektiven.

🐎 S. 154

150

AH S. 61

Von der Hexe, die schwimmen lernen wollte

Es war einmal eine Hexe, die wollte schwimmen lernen.
Im Bach ekelte sie sich vor den Kaulquappen 📖. Am Meer
waren ihr die Wellen zu hoch, und sie mochte die Quallen nicht.
Dann kam sie an einen See, in dem viele Frösche quakten.
Sie hatte gerade einen Zeh ins Wasser gesteckt, da erschien
eine grüne Nixe mit goldenem Haar.
„Kannst du mir helfen?", fragte die Hexe.
„Ich möchte schwimmen lernen."
„Ohne Schwanz?", kicherte die Nixe.
„Das geht nicht!"
Dann tauchte sie unter.
Da wurde die Hexe traurig.
Plötzlich kamen quer über
die Wiese zwei Kinder angelaufen.
„Könnt ihr mir helfen?", fragte die Hexe.
„Ich möchte gern schwimmen lernen."
„Ja, gern, wir holen dir einen Schwimm-
reifen und zeigen dir, wie es geht",
antworteten die Kinder.
So lernte die Hexe doch noch
schwimmen, und wenn sie nicht
gestorben ist, dann lebt sie noch heute.

Ute Schimmler

❶ Woran erkennst du, dass diese Geschichte
ein Märchen ist?

❷ Schreibe die Wörter mit x, qu, aa und ee
geordnet auf.

❸ Schreibe alle Wörter mit Doppelkonsonanten heraus.
Markiere den kurz gesprochenen Vokal: *schwimmen,* ...

④ Du kannst ein Märchen schreiben:
Von der Hexe, die fliegen lernen wollte

Eine Woche voller Samstage S. 169

*Herr Taschenbier ist ein ängstlicher Mensch, der sich vor
seiner Zimmerwirtin Frau Rotkohl und seinem Chef fürchtet.
An einem Samstag geht er spazieren, um dem Geschimpfe von
Frau Rotkohl aus dem Weg zu gehen. Da sieht er eine
Menschenmenge um ein kleines Wesen stehen.
Herr Taschenbier geht näher und hört Herrn Groll sprechen.*

„Wir spielen hier doch nicht Rumpelstilzchen.
Wenn du nicht sagen willst, wer du bist, dann werden
wir eben die Polizei holen."
„Die Polizei!", sagt das kleine Wesen.
5 „Ihr glaubt doch nicht, dass die Polizei weiß, wie ich heiß."
„Aber ich weiß es vielleicht", platzte Herr Taschenbier heraus.
Mit einem Mal war ihm ein Gedanke gekommen.
Wie war es doch gewesen: am Sonntag Sonne,
am Montag Herr Mon, am Dienstag Dienst,
10 am Mittwoch Wochenmitte, am Donnerstag Donner,
am Freitag frei – und heute war Samstag.
Am Samstag Sams! Das war`s!
„Du bist bestimmt ein Sams!", sagte er entschieden.
Das kleine Wesen am Boden bekam vor lauter
15 Staunen tellergroße Augen und sperrte das Maul auf,
dass man meinte, es wolle gleich
einen ganzen Laib Brot auf einmal verschlingen.
„Wie hast du das herausgefunden?
Woher weißt du, dass ich ein Sams bin?",
20 fragte es kleinlaut.
„Man muss nur logisch denken können – wie ein Privatdetektiv",
sagte Herr Taschenbier und sah sich stolz um.
Da geschah etwas Unerwartetes:
Das Sams kletterte geschwind wie ein Äffchen
25 an Herrn Taschenbier hoch, kuschelte sich in seinen Arm
und sagte:

„Ja, mein Papa kann logisch
denken. Ihr nicht. Ihr seid alle
dumm!"

30 Dann steckte es den Daumen
in den Mund und begann
schmatzend daran zu lutschen.
„Sie hätten ja gleich sagen
können, dass es Ihr Kind ist",
35 sagte Herr Groll wütend und
ging davon. „Aber …", fing
Herr Taschenbier an.
„Das ist die heutige Erziehung",
sagte eine Dame.
40 „Das Kind singt Spottverse 📖
auf anständige Leute und der Vater
steht dabei und freut sich noch!"
„Aber …", fing Herr Taschenbier
noch einmal an.
45 Das Sams streckte seine Finger aus und
hielt ihm einfach den Mund zu.
Und ehe Herr Taschenbier irgendetwas
erklären konnte, waren die Leute weitergegangen
und er stand allein auf der Straße –
50 mit einem Sams auf dem Arm.
„Warum sagst du immer Papa zu mir?
Das find ich ausgesprochen frech", sagte Herr Taschenbier
und war richtig ein bisschen wütend.
„Wieso?", fragte das Sams und nahm vor Staunen
55 den Finger aus dem Mund.
„Du bist doch jetzt mein Papa."

Paul Maar

● Lest den Text in verteilten Rollen.

● Wie könnte die Geschichte weitergehen?

Verrückte Namenwelt

Herr Groß ist sehr klein,
Herr Klein ist sehr groß.
Was ist mit den Namen los?

Herr Gefräßig isst wenig,
Herr Schlank haut sich voll.
Ist das nicht toll?

Frau Dünn ist sehr dick,
Frau Dick ist sehr dünn.
Wo führt das hin?

Herr Pfeil geht sehr langsam,
Herr Schnecke läuft schnell.
Komisch, gell?

Herr Dumm ist recht schlau,
Herr Schlau ist sehr dumm.
Ich frag` mich: Warum?

Frau Lauter ist leise,
Frau Ruhig schlägt Krach.
Dass ich nicht lach`!

Herr Wurm stolziert aufrecht,
Herr Stolz schleicht gebückt.
Das ist verrückt!

Herr Faul ist so fleißig,
Herr Fleißig recht faul.
Mich tritt ein Gaul!

Herr Gärtner flickt Schuhe,
Herr Schuster pflanzt Bäume.
Ich glaube, ich träume!

Herr Reich muss meist hungern,
Herr Arm hat viel Geld.
Verrückte Namenwelt!

Kurt Franz

● Schreibe die Gegensätze auf. Schreibe so: *Herr Groß ist klein, …*

● Lies das Gedicht so, dass die Gegensätze betont werden.

○ Du kannst weitere Beispiele mit Hilfe des Telefonbuches bilden.

Zwölf mit der Post S. 169

Am Ende der Welt hält eine Post-
kutsche an einer Grenzstelle.
Aus ihr steigen zwölf Fahrgäste,
Männer und Frauen.

5 Zuerst kommt ein dicker Mann in
einem Pelzmantel, der es eilig hat,
weil er viele Bälle geben muss.
Der Nächste ist ein vergnügter Bursche. „Ich bin etwas kurz geraten",
stellt er sich vor, „nur achtundzwanzig Tage lang."

10 Der dritte Herr sieht etwas verfroren aus, trägt aber Veilchen im
Knopfloch. Da drängelt ihn schon der Nächste zur Seite. „Kalt und
warm, auf und ab, Regen und Sonnenschein, das macht Vergnügen."
Jetzt tippelt eine reizende Dame heran.
Sie duftet nach Maiglöckchen und trägt ein Vögelchen auf dem Hut.

15 Die beiden Nächsten sind eine junge Dame und ihr Bruder.
Sie haben nur Badeanzüge und Sommersachen im Gepäck.
Nun schiebt sich eine dickliche Obsthändlerin heran.
„Arbeit und Brot macht die Wangen rot", sagt sie und nickt dabei.
Jetzt erscheint ein Herr, der wohl Maler ist. Er trägt einen grauen

20 Mantel und eine graue Mütze. Sein einziges Gepäck ist ein Farbkasten.
„Macht mir Platz", ruft da ein Gutsbesitzer 📖, der mit Hund, Gewehr
und einer Tasche voller Nüsse erscheint. Er will noch etwas erzählen,
ist aber nicht zu verstehen, da der folgende Fahrgast immer wieder
hustet, niest und sich die Nase schnäuzt.

25 Ganz zuletzt steigt eine zarte alte Dame aus. Sie hat strahlende Augen
und trägt einen Tannenbaum mit sich. Außerdem zieht sie einen
riesigen Koffer hinter sich her. „Das sind lauter Geschenke", sagt sie.
„Am Weihnachtsabend werde ich den Baum schmücken und euch
vom Stern von Bethlehem erzählen."

Hans Christian Andersen (gekürzt)

● Wer sind die Zwölf mit der Post?

● Gib jedem Fahrgast seinen Namen und beschreibe ihn.

Die Brüder Grimm

Jacob Grimm wurde 1785, sein Bruder Wilhelm Grimm
1786 in Hanau geboren.
Damals gab es keine Fernseher.
Deshalb erzählten sich die Menschen abends gern Geschichten.
Diese wurden zwar immer weitererzählt,
aber nirgendwo aufgeschrieben.
Die Brüder Grimm liebten Märchen.
Deshalb beschlossen sie, diese zu sammeln.
Viele Märchen erzählte ihnen eine Schneiderin,
die in einem Dorf bei Kassel lebte.
Das Märchen Rumpelstilzchen lernte Wilhelm Grimm
von Dorothea Wild kennen. Er heiratete sie später.
Manchmal veränderten die Brüder Grimm die gehörte Fassung
der Märchen ein wenig, um sie noch märchenhafter zu gestalten.
Sie fügten auch Teile aus anderen Märchen ein,
wenn die Handlung Lücken hatte.
Im Jahr 1812 gaben Jakob und Wilhelm Grimm das Buch
„Kinder- und Hausmärchen" heraus.
Wilhelm Grimm starb 1859, sein Bruder 1863.

AH S. 62

Rumpelstilz sucht Freunde

Ach, wie dumm, dass niemand weiß,
dass ich Rumpelstilzchen heiß.

Niemand schreibt mir Liebesbriefe,
niemand fragt, ob ich gut schliefe.

Niemand schreibt mir Ansichtskarten,
lädt mich ein in seinen Garten.

Niemand wünscht mir frohe Feste,
niemals kommen zu mir Gäste.

Niemals schrillt das Telefon,
so geht das seit Jahren schon.

Doch so will ich nicht verweilen,
deshalb schreib ich diese Zeilen.

Damit nun ein jeder weiß,
dass ich Rumpelstilzchen heiß.

Gerold Jatzek

● Zähle auf, worüber sich Rumpelstilzchen ärgert.

○ Du kannst ihm einen Brief oder eine Karte schreiben.

Das Rübenziehen

Väterchen hat Rüben gesät. Er will eine Rübe herausziehen,
er packt sie beim Schopf, er zieht und zieht
und kann sie nicht herausziehen.

Väterchen ruft Mütterchen. Mütterchen zieht Väterchen,
5 Väterchen zieht die Rübe, sie ziehen
und können sie nicht herausziehen.

Kommt das Enkelchen: Enkelchen zieht Mütterchen,
Mütterchen zieht Väterchen, Väterchen zieht die Rübe,
sie ziehen und ziehen, können sie nicht herausziehen.

10 Kommt das Hündchen: Hündchen zieht Enkelchen,
Enkelchen zieht Mütterchen, Mütterchen zieht Väterchen,
Väterchen zieht die Rübe, sie ziehen und ziehen,
können sie nicht herausziehen.

Kommt das Hühnchen: Hühnchen zieht Hündchen,
15 Hündchen zieht Enkelchen, Enkelchen zieht Mütterchen,
Mütterchen zieht Väterchen, Väterchen zieht die Rübe,
sie ziehen und ziehen, können sie nicht herausziehen.

Kommt das Hähnchen: Hähnchen zieht Hühnchen,
Hühnchen zieht Hündchen, Hündchen zieht Enkelchen,
20 Enkelchen zieht Mütterchen, Mütterchen zieht Väterchen,
Väterchen zieht die Rübe, sie ziehen und ziehen –
schwupps, ist die Rübe heraus und das Märchen ist aus.

Volksgut aus Russland

○ Dieses Märchen könnt ihr nachspielen.

Das Natternkrönlein

Es war einmal ein geiziger Bauer,
bei dem arbeitete eine gutherzige Magd.
Im Kuhstall des Bauern wohnte
eine Krönleinnatter, die man nachts
5 wunderschön singen hörte.

Wenn nun die Magd die Kühe molk,
kroch manchmal das Schlänglein
aus der Mauerspalte, in der es wohnte,
und sah mit klugen Äuglein
10 dem Mädchen zu.
Da wurde es ihr zur Gewohnheit,
etwas Milch in ein Untertässchen
zu gießen und dem Schlänglein
hinzustellen, und dieses trank
15 und wandte dabei sein Köpfchen,
sodass das Krönlein
wie ein Diamant glitzerte.

Einmal geschah es, dass der Bauer
in den Stall trat, als die Krönleinnatter
20 gerade ihr Tröpfchen Milch schleckte.
Er war außer sich vor Wut,
dass die Magd dem Tierchen
seine Milch gab, und sie musste
den Hof verlassen.
25 Das Natterchen aber verließ den Hof
auch und gab der Magd sein Krönlein.

Dies aber war ein Glücksbringer.
Die Magd fand sofort Arbeit und
heiratete einen reichen und lieben Mann.
30 Der hartherzige Bauer aber hatte nur noch
Unglück und musste seinen Hof verkaufen.

Nach Ludwig Bechstein

Die drei Federn

Ein König hatte drei Söhne. Zwei waren klug, der
jüngste aber wurde nur der Dummling genannt.
Als der König alt wurde, wusste er nicht,
wer sein Reich erben sollte.

5 Er sprach zu seinen Söhnen: „Ziehet aus,
und wer mir den schönsten Teppich bringt,
der soll nach meinem Tod König sein."
Er blies drei Federn in die Luft und sprach:
„Wie die fliegen, so sollt ihr ziehen." Die eine Feder
10 flog nach Osten, die andere nach Westen, die dritte
aber fiel nur auf den Boden. So zog der eine Sohn
nach rechts, der andere nach links. Der Dummling
jedoch setzte sich traurig auf den Boden.
Da sah er eine Türe in der Erde.
15 Er klopfte an und eine Stimme rief:
„Jungfer, grün und klein, Hutzelbein!

Hutzelbeins Hündchen, Hutzel hin und her,
Lass geschwind sehen, wer draußen wär."
Der Dummling sah eine dicke Kröte, die ihn fragte,
20 was er wünsche.
„Ich hätte gerne den schönsten und feinsten Teppich",
antwortete er. Schon öffnete die Kröte eine Schachtel
und holte daraus den feinsten Teppich.
Die beiden anderen Brüder jedoch brachten grobe
25 Tücher von einem Schäferweib, denn sie glaubten,
dass sie sich keine Mühe geben müssten.
Als der König dies sah, sagte er:
„Das Reich gehört dem jüngsten."
Die beiden ließen ihrem Vater aber keine Ruhe und
30 baten um eine weitere Bedingung. So sprach der König:
„Wer mir den schönsten Ring bringt, der soll
König werden." Wieder blies er drei Federn in die Luft
und sie flogen wie beim ersten Mal.

So stand der Dummling erneut vor der Türe,
klopfte an und die Kröte rief:
„Jungfer, grün und klein, Hutzelbein!
Hutzelbeins Hündchen, Hutzel hin und her,
Lass geschwind sehen, wer draußen wär."
Er bat die Kröte um den schönsten Ring, den ein
Goldschmied machen könne. Schon öffnete die Kröte
eine Schachtel und gab ihm einen goldenen Ring.
Die beiden Brüder aber glaubten wieder, sich keine
Mühe geben zu müssen und brachten dem Vater
Nägel aus Wagenringen.
Als der König dies sah, sprach er:
„Das Reich gehört dem jüngsten."
Aber die beiden älteren Brüder quälten den Vater
so lange, bis er eine dritte Bedingung stellte.
Er sprach: „Wer mir die schönste Frau heimbringt,
der soll König werden."
Auch diesmal blies er drei Federn in die Luft. Zwei
flogen nach Osten und Westen, die dritte jedoch fiel
wieder neben die Türe auf den Boden. Diesmal gab
ihm die dicke Kröte eine gelbe Rübe, vor die sechs
Mäuse gespannt waren. Sie bat den Dummling,
eine kleine Kröte hinein zu setzen. Als der Dummling
dies getan hatte, berührte die dicke Kröte sie. Da wurde
aus der kleinen Kröte eine wunderschöne Frau, aus der
Rübe eine Kutsche und aus den Mäuschen sechs Pferde.
Damit kehrte der Dummling zu seinem Vater zurück.
Die Brüder aber führten das erste Bauernweib heim,
das sie gesehen hatten.
Als der König dies sah, sprach er:
„Das Reich gehört dem jüngsten."
Und als der König starb, erhielt der Dummling
die Krone und regierte klug bis zu seinem Tod
das große Reich.

Gebrüder Grimm

○ Ihr könnt das Märchen nachspielen.

AH S. 63

Wie es kam, dass der Hamster den Tiger fraß

Alle Tiere lebten in einem Garten zusammen.
Eines Tages erschraken sie über das Schmerzgebrüll des Tigers.

„Was ist los?", fragte der Hase den Vogel Strauß,
der neben dem Tiger wohnte.
5 „Der Hamster hat den Tiger in den Schwanz gebissen",
antwortete der Strauß, der es gesehen hatte.

„Was ist los?", fragte das Zebra den Hasen,
dessen Nachbar es war.
„Der Hamster hat dem Tiger ein Stück
10 vom Schwanz abgebissen", antwortete der Hase.

„Was ist los?", fragte die Giraffe das Zebra.
„Der Hamster hat dem Tiger den Schwanz abgebissen."

„Was ist los?", fragte der Elefant seine Nachbarin,
die Giraffe.
15 „Der Hamster hat von rückwärts
den Tiger angefressen", antwortete die Giraffe.

„Was ist los?", fragte das Kamel den Elefanten.
„Der Hamster hat den Schwanz und die Hinterbeine
des Tigers gefressen", antwortete der Elefant.

20 „Was ist los?", fragte der Bär das Kamel.
„Der Hamster hat den halben Tiger gefressen."

162

„Was ist los?", fragte das Pony.
„Der Hamster hat den Tiger gefressen,
und es ist nur noch ein Stück von ihm da",
25 antwortete der Bär.

„Was ist los?", fragte das Nashorn.
„Der Hamster hat den Tiger bis auf den
Kopf gefressen", antwortete das Pony.

„Was ist los?", fragte die Antilope.
30 „Der Hamster hat den Tiger samt dem Kopf gefressen",
antwortete das Nashorn.

So kam es, dass der Hamster den Tiger fraß.

Ursula Ziebarth

So kann man aus
einer Mücke einen
Elefanten machen.

- ● Lest den Text mit verteilten Rollen.

- ○ Ihr könnt die Geschichte auch nachspielen.

- ● Schreibe eine Einladungskarte
  für euer Theaterspiel.
  Wichtig sind:
  Tag, Zeit, Ort und Anlass der Einladung.

Wochentage

❶ Schreibe die Wochentage auf. Setze die fehlenden Buchstaben ein.

Mo tag   So tag   Mi woch   Fr tag

Sam tag   D nstag   Do erstag

❷ Kontrolliere mit der Wörterliste.

❸ Kreise den Wochentag ein, der nicht auf -tag endet.

Berufe

❹ Schreibe die Sätze richtig auf.

Diegärtnerinpflanztblumenundgemüse.

Derschreinerstelltmöbelher.

Derpolizistregeltdenverkehraufderstraße.

Dieschneiderinnähthosenundröcke.

Achte auf die Nomen!

❺ Unterstreiche die Berufe.

Sätze verlängern

Am

Am Sonntag

Am Sonntag geht

Am Sonntag geht Lea

...

❻ Schreibe ab. Verlängere immer um ein Wort.
   Wer findet den längsten Satz?

Märchenfiguren

Rumpelstilz ⟨ chän / schen / chen   Rapun ⟨ zel / zell / zil   Froschkö ⟨ nich / nig / nieg

❶ Schreibe die Märchenfiguren richtig auf.

Adjektive

Weil Lotta klug ist, fällt ihr die Aufgabe ▨▨▨▨.

Der Mann schleppt einen Koffer, der ▨▨▨▨ ist.

Max liegt im Bett, weil er ▨▨▨▨ ist.

Lilo ist endlich wieder ▨▨▨▨.

gesund

leicht

schwer

krank

❷ Schreibe die Sätze mit den richtigen Adjektiven auf.

❸ Unterstreiche die gegenteiligen Adjektive
   mit der gleichen Farbe.

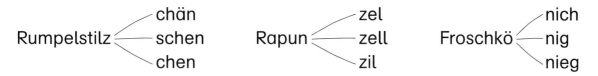

*Ein weiteres Adjektiv hat
sich im Text versteckt.*

Wortfeld „leise"

❹ Schreibe die Sätze mit den richtigen
   Adjektiven auf.

   still   flüsternd   lautlos

Die Schüler der Klasse 2b werden ganz ▨▨▨▨.

Die Lehrerin erzählt ▨▨▨▨ eine spannende Geschichte.

Danach gehen alle ▨▨▨▨ in die Pause.

❺ Erkläre die unterschiedlichen Bedeutungen.

165

Wochentage

❶ Setze die Silben zu Wochentagen zusammen.

Diens-	Don-	Frei-	Mitt-	Mon-	-ners-	Sams-	Sonn-

-tag	-tag	-tag	-woch	-tag	-tag	-tag

❷ Schreibe mit jedem Wochentag einen Satz.

Berufe

Herr Meier ist Koch, Frau Meier ist Köchin.

Herr Müller ist Arzt, Frau …

Herr Braun ist Lehrer, Frau …

Herr Bode ist ▒▒▒▒, Frau Bode ist Bäckerin.

Herr Daunen ist ▒▒▒▒, Frau Daunen ist Verkäuferin.

❸ Schreibe die Sätze vollständig auf.

❹ Bilde ähnliche Sätze.

Wie ist das bei „Frisör"?

Wörter mit qu und x

Maro ist in den Ferien in eine Qualle getreten.
Er hat laut gequiekt. Er und seine Eltern
sind mit dem Taxi ins Krankenhaus gefahren.
Dazu mussten sie quer durch
die ganze Stadt.
Sein Bruder Lukas hat in dieser Zeit Quatsch gemacht.
Er hat in Maros neues Hexenbuch gemalt.
Nun kann man den Text nicht mehr lesen.

❺ Schreibe die Wörter mit Qu/qu und x geordnet heraus.

❻ Suche weitere Wörter mit diesen Buchstaben.

Wörter mit ee und aa

Die gute F▨▨▨ hat langes H▨▨r.

Lotta trinkt eine Tasse T▨▨ im S▨▨l.

Maro findet ein p▨▨r Münzen im Schn▨▨.

Der Angler fängt einen ▨▨l im S▨▨.

❶ Schreibe die Sätze auf. Setze aa, ee oder Aa ein.

❷ Markiere Reimwörter unterschiedlich.

Wörter mit der Endsilbe -chen

Auf dem Turm sitzt ein Wurm. Kommt ein Sturm,
weht den Wurm vom Turm. – Armer Wurm!

❸ Schreibe den Text ab.
Beginne nach jedem Reimwort eine neue Zeile.

❹ Setze die Endsilbe -chen an die Nomen und
schreibe diesen Text ab.

Gegenteilige Adjektive

Was nicht schwarz ist, das ist ▨▨▨,   Was nicht eckig ist, ist ▨▨▨,

was nicht kalt ist, das ist ▨▨▨,   wer nicht krank ist, ist ▨▨▨,

was nicht eng ist, das ist ▨▨▨,   wer nicht müde ist, ist ▨▨▨,

was nicht schmal ist, das ist ▨▨▨.   wer nicht stark ist, der ist ▨▨▨.

schwach   gesund   breit   rund   weiß   weit   wach   heiß

❺ Schreibe das Gedicht mit den richtigen Reimwörtern auf.
Stelle die Adjektive und ihre Gegenteile so gegenüber:
schwarz – weiß, ...

Wörter mit Doppelkonsonanten

kommen   sollen   erkennen   wollen   Lotta   Mittwoch

Maro geht in die gleiche Klasse wie ▧▧▧▧.

Max kann die Melodie nach den ersten Tönen ▧▧▧▧.

Am ▧▧▧▧ wird ein Clown in die Schule ▧▧▧▧.

Die Kinder der Klasse 2 b ▧▧▧▧ ein Märchen lesen.

Am Schulfest ▧▧▧▧ alle Kinder teilnehmen.

❶ Schreibe die Sätze mit den richtigen Wörtern auf.

❷ Markiere den kurz gesprochenen Vokal.

Vorsilben

❸ Verändere die Verben mit er-, ab-, vor-, auf-, an- und zu-.

stimmen   rufen   spielen   raten   sagen   fragen

❹ Bilde Sätze mit den neu entstandenen Verben.

Maro besucht Lotta
Am Mittwoch ruft Lotta Maro an.
Sie will Maro ein Märchen vorspielen.
Aber er erkennt das Märchen nicht.
Er kommt nicht weiter.
Lotta soll ihm die Lösung vorsagen.
Das will sie aber nicht.
Da fragt Maro, ob Frau Holle stimmt.
Er hat das Märchen richtig erraten.

Mich erkennt keiner!

❺ Übe den Text als Diktat.

vorspielen   vorsagen   erkennen   kommen   wollen – will

Eine Woche voller Samstage ◁ S. 152–153 🐴

❶ Lies die Wörter in den Sätzen von hinten nach vorne.

.RumpelstilzchennichtdochhierspielenWir

.SamseinbestimmtbistDu

.UnerwartetesetwasgeschahDa

?mirzuPapaimmerdusagstWarum

.PapameinjetztdochbistDu

❷ Schreibe die Sätze richtig auf.

❸ Suche die Sätze im Text und schreibe die Zeilennummern dahinter.

Zwölf mit der Post ◁ S. 155 🐴

❹ Schreibe die Sätze so auf, wie du sie im Text findest.

❺ Du erhältst ein Lösungswort.

	an einer Haltestelle.	ST
Am Ende der Welt hält eine Postkutsche	an einer Grenzstelle.	J
	an einer Landesgrenze.	P
	in der Hand.	E
Der dritte Herr trägt Veilchen	am Hut.	O
	im Knopfloch.	A
	Badeanzüge.	H
Die Geschwister tragen im Gepäck	Hosenanzüge.	R
	Badehosen.	S
	voller Maronen.	N
Der Gutsbesitzer bringt eine Tasche	voller Eicheln.	T
	voller Nüsse.	R

Der Kern

Ein kleiner Kern, von der Sonne geweckt,
zeigt übers Jahr, was in ihm steckt.
Es ist ein Wunder, du kannst es sehen!
Probier's selbst aus, um dann mit wachen Augen
durch die Welt zu gehen.

Aus einer gelben Sonne fällt
ein Kern hinunter auf die Welt
ins weiche Gras hinein,

schläft in der warmen Erde ein,
lässt den Winter Winter sein

AH S. 64

Das Jahr

und streckt, vom Frühling geweckt,
den Finger aus nach oben, da ist's hell.
Ganz schnell geht's weiter in die Höh'.

Und sieh! Mit der Zeit ist es so weit:
Aus einer gelben Sonne fällt ein Kern
hinunter auf die Welt!

Bärbel Haas

Herbst

Herbstlied

Worte: G. Lang

1. „Ihr Blät-ter, wollt ihr tan-zen?",
so rief im Herbst der Wind.
„Ja, ja, wir wol-len tan-zen,
ja, ja, wir wol-len tan-zen,
komm, hol uns nur ge-schwind."

2. Da fuhr er durch die Äste
und pflückte Blatt um Blatt.
„Nun ziehen wir zum Feste,
nun ziehen wir zum Feste,
nun tanzen wir uns satt."

Wir suchen den Herbst

„Bist du der Herbst?", fragen die Kinder das bunte Laub.
   „Nein, ich bin nur sein Kleid."

„Bist du der Herbst?", fragen die Kinder den Nebel.
   „Nein, er versteckt sich in mir."

„Bist du der Herbst?", fragen die Kinder den Apfel.
   „Nein, ich gehöre zu seinem Gepäck."

„Bist du der Herbst?", fragen die Kinder die Aster 📖.
   „Nein, ich stehe an seinem Weg und grüße ihn."

„Bist du der Herbst?", fragen die Kinder das Spinnennetz.
   „Nein, ich will ihn einfangen, aber er entwischt mir immer wieder."

„Bist du der Herbst?", fragen die Kinder den Wind.
   „Nein, ich bin nur seine laute Stimme."

Kurt Meiers

- Was bedeutet für dich Herbst?

- Lest den Text mit verteilten Rollen.

- Wen fragen die Kinder? Schreibe so: *Sie fragen …*

○ Schreibe weitere Nomen zum Herbst auf.

So ein dicker Nebel

Peter kann die Häuser auf der anderen
Straßenseite nicht sehen.
Im Nebel sieht alles ganz anders aus, denkt er.
Da kommt ihm ein unheimlicher Hund entgegen.
Peter erschrickt.
Aber es ist nur Richters Hund,
der Peter begrüßen will.
Nun tauchen zwei glühende Augen auf.
Wie sie näher kommen, sieht er,
dass es Schultes Bäckerwagen ist.
Herr Schulte fährt heute
sehr langsam und vorsichtig.
Als Peter zur Schule kommt,
da huschen von allen Seiten Kinder herbei.
Wenn es in der Pause auch so neblig ist,
denkt Peter, können wir fein Fangen spielen.

Josef Schölling

- Warum kann man bei Nebel gut Fangen spielen?

- Welche Farbe muss deine Kleidung haben,
  damit man dich bei Nebel oder Dunkelheit besser sieht?

Martinstag

Am 11. November ist Martinstag.
Man feiert ihn, um deutlich zu machen,
wie wichtig Teilen ist.
Die Geschichte erzählt, dass der Heilige
Martin an einem kalten Winterabend in
eine Stadt ritt. Dort traf er auf der Straße
einen Bettler. Dieser war nur in Lumpen 📖
gekleidet und fror sehr.
Martin zerschnitt seinen Umhang in zwei Teile.
Den einen gab er dem Bettler, den anderen
behielt er selbst.

Heute gibt es am Martinstag in vielen Gegenden Laternenumzüge.
Oft gehen die Kinder wie früher von Haus zu Haus und bitten
singend um eine Gabe. Oft gibt es zum Abschluss ein Martinsfeuer.

● Stelle Fragen zum Text.
　Lasse sie von einem anderen Kind beantworten.

So kannst du dir selbst eine Laterne basteln:

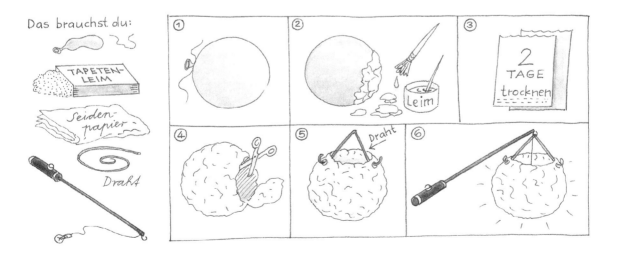

● Schreibe auf, wie die Laterne gebastelt wird.
　So kannst du anfangen: *Zuerst ...*

Winter

Im Advent

Einen glänzenden Stern
aus Silberpapier
fand ich heut' Morgen
vor unserer Tür.
Er lag auf der Treppe,
ein bisschen versteckt,
hab' ihn beim Brötchenholen
entdeckt.
Bestimmt verlor ihn
der Nikolaus.
Es knisterte
heute Nacht so im Haus.

Lisa-Marie Blum

○ Du kannst den Text auf ein Schmuckblatt schreiben.

So kannst du einen Text anordnen:

1. Überlege, wie du die Strophen auf dem Blatt
   anordnen willst.
2. Zeichne mit dem Lineal Linien vor.
3. Beachte, dass die Reimwörter am Ende
   der Zeile stehen.
4. Schreibe mit dem Bleistift vor.
   Passen die Zeilen in eine Reihe?
5. Wenn du fertig bist, kannst du dein Blatt
   gestalten.

AH S. 67

Wie's im ganzen Hause duftet!

Wie's im ganzen Hause duftet!
In der Küche wird geschuftet.
Jeder rackert, wie er's mag,
heut' ist unser Plätzchentag.

Heute backt die Großfamilie:
Oma, Mutter, Klaus, Ottilie.
Dabei sieht das ganze Haus
wie ein Riesenbackplatz aus.

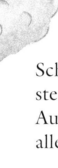

Schütteln, rühren, kneten, packen,
stechen, streichen, legen, backen.
Aus dem Herde dringt ein Duft:
allerbeste Weihnachtsluft.

Manches Plätzchen rasch verschwindet,
das man nie mehr wiederfindet,
nach dem alten Weihnachtsbrauch:
zwei gebacken – eins im Bauch.

Ortfried Pörsel

- Welche Weihnachtsplätzchen isst du am liebsten?

- Welche Verben des Gedichtes passen zum Backen?
  Schreibe die Verben heraus.

- Was kannst du in der Adventszeit noch alles tun?

Pippis Plünderfest

*Pippi Langstrumpf hat alle Kinder der kleinen Stadt
zum Plündern ihres Weihnachtsbaums eingeladen.
Sie hat einen Tannenbaum mit Geschenken behängt.
Neben der Tanne stand eine große Schneehütte.
Dort saßen alle Kinder der kleinen Stadt …*

Pippi hatte einen großen Kessel mit dampfender
Schokolade mitten im Raum aufgestellt und auch eine
ganze Menge Torten. Sie wollte eben mit dem Servieren
beginnen, als sie zufällig einen Blick aus einem der
5 Fensterchen warf. Drüben an der Hausecke stand ein
kleiner Junge.
Er wohnte erst seit wenigen Tagen in der kleinen Stadt
und kannte Pippi noch nicht, und nun dachte er
natürlich, es sei ganz unmöglich, dass er zu ihrem
10 Plünderfest eingeladen sei. Den ganzen Tag war er
mit einem dicken Klumpen Traurigkeit im Hals
herumgegangen, und als der Abend gekommen war,
musste er einfach hinter den anderen hergehen,
nur um zu gucken. Er wollte von niemandem gesehen
15 werden. Nun stand er also an der Hausecke und
sah sich den herrlichen Weihnachtsbaum an und die
Schneehütte, in der Kinder saßen und lachten und
redeten, und der Klumpen im Hals fühlte sich plötzlich
so dick an, dass es richtig weh tat.
20 In diesem Augenblick entdeckte Pippi ihn. Der kleine
Junge erschrak sehr, als sie gleich darauf aus der Hütte
gekrochen kam. Er wollte weglaufen, aber er konnte
sich nicht losreißen.
„Was bist du denn für einer?", fragte Pippi.
25 „Ich heiße Elof", sagte der Junge. „Ich … ich fasse
bestimmt nichts an." Dann sagte er hastig: „Ob ich
vielleicht ein bisschen mit in der Hütte sitzen könnte,
wenn ich fest verspreche, dass ich nichts esse?"

Das war ihm entschlüpft, ehe er zum Nachdenken kam.
30 Denn er wollte so gern wenigstens ein ganz kleines
Weilchen mit in der Hütte sein.
„Nie im Leben", sagte Pippi.
Nun, etwas anderes hatte Elof natürlich nicht erwartet.
Aber der Klumpen, den er jetzt im Hals hatte,
35 fühlte sich womöglich noch dicker an als der vorige.
„Nie im Leben darfst du in die Hütte kommen, wenn
du versprichst, dass du nichts isst", sagte Pippi.
„Aber wenn du versprichst, dass du mehr isst als alle
andern, dann bist du sehr willkommen."
40 Und damit schob sie Elof in die Hütte. Dort saß er
bald zwischen den andern am Boden und stopfte so viel
Schokolade und Torte in sich hinein, dass der Klumpen
in seinem Hals gar keinen Platz mehr hatte. Und seine
Augen strahlten um die Wette mit den Kerzen, die Pippi
45 an den Schneewänden befestigt hatte.

Astrid Lindgren

● Was wird Elof wohl zu Hause erzählen?

Es klopft bei Wanja in der Nacht

Weit fort in einem kalten Land
steht Wanjas Haus am Waldesrand.
In langen Zapfen hängt das Eis
und ringsumher ist alles weiß.
5 Da ist bei Sturm in finstrer Nacht
der Wanja plötzlich aufgewacht.
„Was höre ich da tocken?",
so fragt er sich erschrocken.

Wer ist's, wer klopft da an sein Haus?
10 Ein Hase hockt im Schneesturm drauß'.
Der schreit und jammert kläglich:
„Ich friere so unsäglich."
Der Wanja sagt: „Komm nur herein,
ich heize gleich im Ofen ein."…
15 Das Feuer zischt und prasselt laut, …
Der Has' streckt sich behaglich aus.
Bald wird es still im kleinen Haus.
Auch Wanja deckt sich wieder zu:
„Gut' Nacht und angenehme Ruh!"

20 *Doch kaum sind beide eingeschlummert,*
klopfen ein Fuchs und später noch ein Bär an die Tür.

Da schreit der Hase: „Nein, o nein,
lass bloß die beiden nicht herein!
Der Fuchs ist drauf versessen,
25 uns Hasen aufzufressen."

Die Tiere aber versprechen,
keinem etwas zuleide zu tun,
und so dürfen sie
in Wanjas Hütte übernachten.
30 *Alle strecken sich behaglich aus.*

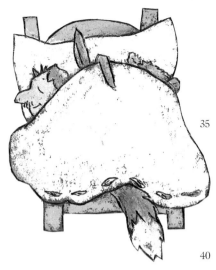

Bald wird es still im kleinen Haus.
Auch Wanja deckt sich wieder zu:
„Gut' Nacht und angenehme Ruh!"

Der Schneesturm unterdessen
35 tobt weiter wie besessen.
Er reißt die stärksten Bäume aus
und rüttelt an dem kleinen Haus.
Doch drinnen schlafen wohlgeborgen
Fuchs, Bär und Hase bis zum Morgen.

40 *Als am nächsten Tag die Sonne aufgeht, ist die*
Not der Tiere vorüber. Sie laufen wieder hinaus
in den Wald – jedes in eine andere Richtung,
der Bär erwacht als Letzter.

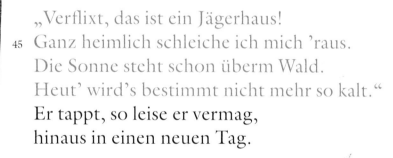

„Verflixt, das ist ein Jägerhaus!
45 Ganz heimlich schleiche ich mich 'raus.
Die Sonne steht schon überm Wald.
Heut' wird's bestimmt nicht mehr so kalt."
Er tappt, so leise er vermag,
hinaus in einen neuen Tag.

50 Der Wanja – noch vom Schlaf umfangen –
begreift nicht, was hier vorgegangen.
Er blickt umher im leeren Raum.
War denn alles nur ein Traum?

Der Wanja schaut und nickt und lacht:
55 „Wir haben wirklich diese Nacht
gemeinsam friedlich zugebracht. –
Was so ein Schneesturm alles macht!"

Tilde Michels

dtv junior

Es klopft bei Wanja
in der Nacht
von Tilde Michels
Bilder von Reinhard Michl

- Warum haben sich die Tiere
  in dieser Nacht friedlich verhalten?

○ Spielt das Stück mit verteilten Rollen.

Ich male mir den Winter

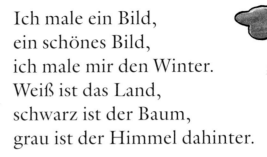

Ich male ein Bild,
ein schönes Bild,
ich male mir den Winter.
Weiß ist das Land,
schwarz ist der Baum,
grau ist der Himmel dahinter.

Sonst ist da nichts,
da ist nirgends was,
da ist weit und breit nichts zu sehen.
Nur auf dem Baum,
auf dem schwarzen Baum
hocken zwei schwarze Krähen.

Aber die Krähen,
was tun die zwei,
was tun die zwei auf den Zweigen?
Sie sitzen dort
und fliegen nicht fort.
Sie frieren nur und schweigen.

Wer mein Bild besieht,
wie's da Winter ist,
wird den Winter durch und durch spüren.
Der zieht einen dicken Pullover an
vor lauter Zittern und Frieren.

Josef Guggenmos

Fastnacht der Tiere

„Fastnacht feiern auch wir!"
    brüllt der …
„Wir wollen tanzen!",
    rufen die …
„Wir wollen trinken!",
    zwitschern die …
„Wo?",
    fragt der …
„Im Haus",
    piepst die …
„Wie ziehen wir uns an?",
    fragt der …
„Ich gehe als Schäfer!",
    brummt der …
„Und ich als Musikant!",
    dröhnt der …
„Ich gehe als Frau!",
    krächzt der …
„Und ich als Graf!",
    blökt das …
„Wann beginnt der Ball?"
    flötet die …
„Um die neunte Stund´!",
    bellt der …
„Ach, das wird fein!",
    grunzt das …

(Volksgut)

- Lies den Text mit den richtigen Reimwörtern vor.

- Versucht den Text so zu betonen, wie es
  die Redeverben vorgeben: *brüllen, rufen, …*

- Lest den Text mit verteilten Rollen.

AH S. 69

183

Frühling

Aufruhr im Gemüsebeet

Es war ein schöner Frühlingsmorgen. In allen Büschen sangen
die Vögel, Blätter und Gras wuchsen und kleine Tiere flogen
und krabbelten und arbeiteten überall herum. Die ganze Luft war
von einem schwach surrenden Geraschel erfüllt, singendes Sausen
5 von all dem Leben, das nach dem Winter erwacht war.
Der alte Pettersson stand im Gemüsegarten
und schaute sich um und prüfte die Erde.
„Jetzt ist es so weit", sagte er.
„Heute können wir Gemüse säen und Kartoffeln setzen."
10 Kater Findus flitzte herum und erschreckte die Käfer.
„Was heißt das, setzen?", fragte er.
„In die Erde stecken. Wenn wir Mohrrübensamen
in die Erde säen, wachsen dort Mohrrüben.
Und aus jeder Kartoffel, die wir in die Erde legen,
15 werden fünf bis zehn neue Kartoffeln."
Der Kater sah den Alten streng an.
„Aber ich mag keine fünf bis zehn neue Kartoffeln
und Mohrrüben auch nicht. Können wir nicht lieber
Fleischklößchen pflanzen?"
20 „In die Erde stecken können wir sie immer.
Aber sie werden nicht wachsen", sagte Pettersson.
„Man kann's ja mal versuchen", sagte Findus …
Der Kater pflanzte sein Fleischklößchen.
Von Zeit zu Zeit lief er hin um nachzusehen,
ob es schon gewachsen war.

Sven Nordqvist

● Was wird mit dem Fleischklößchen passieren?

● Was kann man im Frühjahr pflanzen und säen?

Der Hase mit der roten Nase

Es war einmal ein Hase
mit einer roten Nase
und einem blauen Ohr.
Das kommt ganz selten vor.

Die Tiere wunderten sich sehr:
Wo kam denn dieser Hase her?

Er hat im Gras gesessen
und still den Klee gefressen.

Und als der Fuchs vorbeigerannt,
hat er den Hasen nicht erkannt.

Da freute sich der Hase.
„Wie schön ist meine Nase
und auch mein blaues Ohr,
das kommt so selten vor."

Helme Heine

April, April!

Am Nachmittag, als wir unsere Schulaufgaben gemacht hatten,
lief Lasse zum Südhof und sagte zu Ole: „Ole, ein Lumpensammler
ist in den Nordhof gekommen. Er kauft Steine auf."
„Steine kauft er?", fragte Ole, der ganz vergessen hatte,
5 dass erster April war. „Was denn für Steine?"
„Na, solche Steine, wie ihr sie hier im Garten habt", sagte Lasse.
Und Ole fing an, so viele Steine, wie er konnte, in einen Sack
zu sammeln. Und dann hastete er mit dem vollen Sack zum Nordhof.
Dort war wirklich ein Mann, aber der kaufte nur Lumpen 📖
10 und Flaschen.
„Bitte, hier haben Sie noch meine Steine", sagte Ole. Er schleppte
dem Mann den Sack entgegen und sah ganz verzückt aus.
„Steine?", fragte der Mann und begriff nicht. „Sagtest du Steine?"
„Und ob", sagte Ole und sah noch verzückter aus.
15 „Richtige, prima Feldsteine sind es. Ich habe sie selbst
in unserem Garten aufgesammelt."
„Ach so", sagte der Mann, „da haben sie dich aber schön angeführt,
mein kleiner Freund."
Da erinnerte sich Ole, dass ja erster April war.
20 Sein Gesicht lief rot an und er nahm den Sack über die Schulter
und zog damit wieder nach Hause, ohne ein Wort zu sagen.
Aber hinter dem Zaun stand Lasse und schrie laut: „April, April!"

Astrid Lindgren

● Wurdest du schon einmal am ersten April hereingelegt?

● Fällt dir ein lustiger Aprilscherz ein?

AH S. 70

Muttertagselfchen

Ein
Muttertagselfchen
für dich
von Nadine

Froh
Der Morgen
im Hause still
Ich richte das Frühstück
Mama

Avenida

Tulpen
Tulpen und Schmetterlinge
Schmetterlinge
Schmetterlinge und Sonne
Tulpen
Tulpen und Sonne
Tulpen und Schmetterlinge und Sonne
Frühling

So kannst du ein Avenida schreiben:

Zeile 8: Schreibe ein Nomen als Oberbegriff (Thema).

Zeile 1: Schreibe ein erstes Nomen, das zum Thema passt.

Zeile 2: Wiederhole das erste Nomen, füge mit „und"
ein zweites Nomen hinzu.

Zeile 3: Schreibe das zweite Nomen noch einmal.

Zeile 4: Wiederhole das zweite Nomen, füge mit „und"
ein drittes Nomen hinzu.

Zeile 5: Schreibe das erste Nomen noch einmal.

Zeile 6: Wiederhole das erste Nomen, füge mit „und"
ein drittes Nomen hinzu.

Zeile 7: Schreibe das erste Nomen, füge das zweite und
das dritte Nomen mit „und" hinzu.

Sommer

Gewitter

Der Himmel ist blau
der Himmel wird grau
Wind fegt herbei
Vogelgeschrei
Wolken fast schwarz
Lauf, weiße Katz!
Blitz durch die Stille
Donnergebrülle
Zwei Tropfen im Staub
Dann Prasseln auf Laub
Regenwand
Verschwommenes Land
Blitze tollen
Donner rollen
Es plitschert und platscht
Es trommelt und klatscht
Es rauscht und klopft
Es braust und tropft
Eine Stunde lang
Herrlich bang
Dann Donner schon fern
Kaum noch zu hör'n
Regen ganz fein
Luft frisch und rein
Himmel noch grau
Himmel bald blau!

Erwin Moser

● Schreibe die Verben heraus, die Geräusche beschreiben.

● Lies den Text laut. Betone ihn dabei so, dass man spürt, wie das
Gewitter erst immer heftiger wird und dann langsam abklingt.

Ferien zu Hause

In der Klasse 2 a erzählen die Kinder von den Ferien.
Stefanie war in Spanien und konnte im Meer
schwimmen. Olivia war mit ihren Eltern in England.
Tom war in Italien. Dort gab es immer
5 sein Lieblingsessen: Spagetti mit Tomatensoße.

Nun soll Malte erzählen, wo er war.
Er wird ganz rot.
Dann sagt er: „Weil meine Eltern arbeiten mussten,
konnten wir nicht verreisen. Ich war nur
10 bei meinen Großeltern."
„War das nicht langweilig?", fragt Mona.

Malte überlegt und sagt: „Eigentlich nicht.
Opa und ich haben im Garten ein Zelt aufgebaut.
In dem haben wir zwei Nächte geschlafen.
15 Das war total unheimlich.
Einmal habe ich mit Opa Pilze gesucht. Das war toll.
Oma zeigte mir, wie man aus Rinde Boote schnitzt.
Die sind richtig geschwommen.
Am tollsten war unsere Lesenacht. Jeff und Nico
20 durften bei mir schlafen. Sie haben ihre Lieblings-
bücher mitgebracht. Zuerst haben meine Groß-
eltern vorgelesen, dann durften wir so lange lesen,
wie wir wollten."

Die Kinder schauen Malte an. Dann sagt Tom
25 nachdenklich: „Ich glaube, Malte hatte spannendere
Ferien als ich."

Ute Schimmler/Sabine Trautmann

- Warum meint Tom, dass Malte spannendere Ferien hatte?

- Was kannst du in den Ferien zu Hause machen?

○ Ihr könnt eure Vorschläge zu einem Plakat zusammenstellen.

AH S. 72

Teltsame Siere

Karienmäfer

Ein Karienmäfer
mit pieben Sunkten
haß auf dem Salm.
Und als ein Kind wam,
hog er floch
in den hauen Blimmel.

Ute Schimmler

- Lies das Gedicht laut vor. Was fällt dir auf?

- Schreibe das Gedicht richtig auf.

- Kontrolliere: Hast du alle Nomen großgeschrieben?

Klosch

Ein freiner Klosch
am talten Keich
der fühlte sich im Rimmelheich.
Denn hingsumrer
war'n flausend Tiegen.
Jedoch –
wie sollt er die krur niegen?

Ute Schimmler

- Verändere dieses Gedicht in der gleichen Weise wie oben.

- Denk dir eine Überschrift aus.

Auf uns´rer Wiese gehet was …

Text: Heinrich Hoffmann von Fallersleben

1. Auf uns - rer Wie - se ge - het was, wa - tet durch die Sümp - fe. Es
2. Ihr meint, es wär der Klap - per - storch, wa - tet durch die Sümp - fe. Er

1. + 2. hat ein schwarz - weiß Röck - lein an und trägt auch ro - te

Strümp - fe. Fängt die Frö - sche, schnapp, schnapp, schnapp,

klap - pert lus - tig klap - per - di - klapp –
1. wer kann das er - ra - ten?
2. Nein, es ist Frau Stör - chin.

Ein Storch wird etwa 80 cm groß.
Er kann bis zu 20 Jahre alt werden.
Störche fressen Frösche und Fische,
aber auch Würmer, Schnecken und
Insekten. Wenn die Störche aus ihrem
Winterquartier zurückkehren, besetzen
sie gerne wieder ihren früheren Horst 📖.
Eine Störchin legt drei bis vier weiße Eier.
Die kleinen Störche können nach etwa
neun Wochen das Nest verlassen.
Im Spätsommer treffen sich die Störche
an bestimmten Sammelplätzen und
fliegen in ihr Winterquartier.

● Beschreibe den Storch.

● Notiere, was du über den Storch erfährst.

○ Ihr könnt weitere Informationen sammeln und ein Poster gestalten.

WIEDERHOLEN UND ÜBEN

Vokale (Selbstlaute) und Konsonanten (Mitlaute)

> **A, e, i, o, u** nennt man **Vokale (Selbstlaute)**.
> Alle anderen Laute des Abc heißen **Konsonanten (Mitlaute)**.
> Bei ihnen klingen Vokale mit.

Diese Nomen beginnen mit Vokalen:

Orangenschale   Aprikosenmarmelade   Apfelsinensaft

❶ Schreibe die Nomen ab.

Welches Nomen hat die meisten Vokale?

❷ Kreise alle Vokale farbig ein.

Diese Nomen beginnen mit Konsonanten:

Salamipizza   Limonadenflasche   Tomatensalat

❸ Schreibe die Nomen ab.

❹ Kreise alle Konsonanten farbig ein.

B⬚rn⬚   M⬚l⬚n⬚   Z⬚tr⬚n⬚   K⬚w⬚   ⬚pr⬚k⬚s⬚

❺ Schreibe die Nomen mit den richtigen Vokalen auf.

> In jedem Wort kommt mindestens ein Vokal vor.
> In jeder **Silbe** steht ein **Vokal**: S<u>a</u>ft, B<u>u</u>tt<u>e</u>r, B<u>a</u>n<u>a</u>n<u>e</u>.

Nudelsalat   Brot   Kartoffelsuppe   Margarine   Torte

❻ Schreibe die Nomen ab.

❼ Setze die Silbenbögen und markiere die Vokale.

Umlaute

> Die Buchstaben **ä**, **ö** und **ü** nennt man **Umlaute**.

Lars bekommt neue M░bel f░r sein Zimmer.

Tim m░chte S░ßigkeiten essen.

Lisa h░rt gerne M░rchen.

❶ Schreibe die Sätze mit den richtigen Umlauten auf.
  Kreise die Umlaute ein.

> Bei manchen Nomen kann in der **Mehrzahl** aus
> einem Vokal ein **Umlaut** werden: **a →ä**, **o →ö**, **u →ü**.

Nächte   Löcher   Länder   Tücher   Grüße

❷ Schreibe zu den Nomen die Einzahl: *die Nächte – die Nacht, …*

Zwielaute

> **Au/au**, **Ei/ei** und **Eu/eu** werden **Zwielaute** genannt, weil sie
> aus zwei Vokalen bestehen. Aus einem Nomen mit **au** wird in
> der Mehrzahl oft ein **äu**: der R**au**m – die R**äu**me.

Heute kann Ali nicht einkaufen gehen. Er hat leider keine Zeit.
Aber er braucht ein neues Schreibheft. Sein Freund Felix
leiht ihm ein Heft.

❶ Schreibe die Sätze ab. Markiere die Zwielaute.

Braut   Traum   Baum   Zaun   Bauch

❷ Bilde zu den Nomen die Mehrzahl.
  Schreibe so: *die Braut – die Bräute, …*

Doppelkonsonanten (Kurz gesprochene Vokale)

> Wenn ein Wort einen **kurz gesprochenen Vokal** hat, wird
> der nachfolgende **Konsonant oft verdoppelt**: das Esszimmer.

Billy kommt die Treppe hoch.
Dann nimmt er seinen Schlüssel.
Er rennt in sein Zimmer.
Dort wartet sein Wellensittich Milli.

❶ Schreibe den Text ab.

❷ Schreibe alle Wörter mit Doppelkonsonanten heraus.
   Markiere die kurz gesprochenen Vokale mit einem Punkt.

> Wörter mit **Doppelkonsonanten** werden meist
> zwischen diesen **getrennt**: hof – fen, der Rol - ler.

Brunnen   fallen   immer   Wasser   Ratte   Puppe

❸ Schreibe die Wörter ab. Setze die Silbenbögen.

❹ Schreibe nun so: *Brunnen, Brun – nen, …*

Doppelvokale (Lang gesprochene Vokale)

> Wenn ein Wort einen **lang gesprochenen Vokal** hat,
> wird er in einigen Wörtern **verdoppelt**:
> das Haar, das Meer, das Moor.

❶ Schreibe die Nomen mit Artikel auf.

❷ Unterstreiche die doppelten Vokale.

Silben

> **Wörter** bestehen aus **Silben**. Das Klatschen und das Schwingen kann dir helfen, die Silben besser zu hören. Wörter aus mehreren Silben kannst du trennen: Sa – la – man – der.

❶ Setze die Silben zu Wörtern zusammen. Setze die Silbenbögen.

Montagmorgen   Freitagnachmittag   Donnerstagnacht

❷ Schreibe die Wörter in Silben getrennt auf.

Vorsilben

> **Vorsilben** verändern den Sinn eines Wortes:
> **aus**rechnen – **nach**rechnen, die Fahrt – die **Vor**fahrt.
> Manchmal wird die Vorsilbe im Satz nach hinten gestellt.

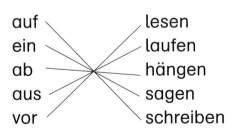

❶ Bilde sinnvolle Verben. Unterstreiche die Vorsilben.

Hans ▨▨▨ das Gedicht von der Tafel ▨▨▨.

Mutter ▨▨▨ den Fleck sofort ▨▨▨.

Endlich ▨▨▨ Tina den Fernseher ▨▨▨.

abschreiben

auswaschen

ausschalten

❷ Setze die Verben ein. Schreibe die Sätze auf.

WIEDERHOLEN UND ÜBEN

Nomen (Namenwörter)

> Menschen, Tiere, Pflanzen und Dinge haben einen **Namen**.
> Sie werden **Nomen (Namenwörter)** genannt.
> Nomen werden immer **großgeschrieben**.

*Wolke und Meer,
Möwe am Strand,
eine Muschel
in meiner Hand –
das wäre schön.*

*Schokolade und Limo,
Eis am Stiel,
davon ganz viel –
das wäre schön.*

❶ Schreibe die Texte ab. Unterstreiche alle Nomen.

> Nomen können **bestimmte** und **unbestimmte Artikel (Begleiter)**
> haben. Bestimmte Artikel sind: **der** Hund, **die** Katze, **das** Pferd.
> Unbestimmte Artikel sind: **ein** Hund, **eine** Katze.

❷ Schreibe nun die Nomen mit den bestimmten und
unbestimmten Artikeln auf. Trage sie so in eine Tabelle ein.

der/ein	*die/eine*	*das/ein*
der Strand – ein Strand	*die … – eine …*	

❸ Schreibe die Sätze mit den passenden Artikeln ab.

Lea will ▨▨▨ spannendes Buch lesen.

Deshalb geht sie in ▨▨▨ Bücherei.

Sie sucht ▨▨▨ Regal mit den Abenteuerbüchern.

Es fällt ihr schwer sich für ▨▨▨ Buch zu entscheiden.

Schließlich nimmt sie ▨▨▨ Buch mit Piratenge-
schichten.

Nomen können in der **Einzahl** (Singular) oder
in der **Mehrzahl** (Plural) stehen:
das Kind (**ein** Kind) – die Kinder (**mehrere** Kinder).

Nasenbär

Schmetterling

Zebra

Elefant

Affe

Löwe

Pinguin

Flamingo

Giraffe

Robbe

4 Bilde die Mehrzahl der Nomen.
Benutze die unbestimmten Artikel.
Schreibe so: *eine Giraffe – viele Giraffen,*
ein Elefant – viele …

Mit **zusammengesetzten Nomen** kann man etwas genauer
beschreiben.
Der **Artikel** richtet sich nach dem **zweiten Nomen**:
das Buch, **der** Rücken – **der** Buchrücken.

5 Schreibe die zusammengesetzten Nomen so auf:
der Zaun, der König – der Zaunkönig, …

> Die **Endsilben -chen** und **-lein** verkleinern Nomen.
> Diese Nomen haben in der Einzahl immer den Artikel **das**:
> das Schiff – **das** Schiff**chen**, der Ring – **das** Ring**lein**.

Schwein   Zwerg   Kind   Finger   Kleid

-chen   -lein

Manchmal gibt es zwei Möglichkeiten.

❻ Bilde Nomen mit den Endsilben.
Schreibe so: *das Schwein – das Schweinchen, …*

> Wenn man die **Endsilben -chen** und **-lein** benutzt, wird
> manchmal aus einem Vokal ein Umlaut und aus **au** wird **äu**:
> die R**o**se – das R**ö**schen; die M**au**er – das M**äu**erchen.

*Ein zwei Stündchen,
aus Hund wird …,
aus Hase ein …,
aus Nase ein …,
aus Stein ein …,
aus Bein ein …,
aus Katze ein … und
aus Tatze ein …!*

❼ Schreibe die Nomen mit den Verkleinerungen auf.
Schreibe so: *die Stunde – das Stündchen, …*

❽ Unterstreiche die Vokale und die Umlaute.

Verben (Tunwörter/Tuwörter)

> **Verben (Tunwörter)** sagen, was Menschen, Tiere, Pflanzen und Dinge tun. Verben werden **kleingeschrieben**.

| huschen | bellen | klettern | fliegen | wippen |

❶ Bilde Sätze. Unterstreiche die Verben.

> Verben haben in der Grundform die Endung **-en** (rat**en**),
> die Endung **-eln** (rad**eln**) oder **-ern** (schnatt**ern**).

du läufst   ihr füttert   sie bastelt   er spricht   es donnert

❷ Bilde die Grundformen. Schreibe so: *du läufst – laufen, …*

❸ Unterstreiche die verschiedenen Endungen in der Grundform mit unterschiedlichen Farben.

> Was beim Verb gleich bleibt, heißt **Wortstamm**: ich **geh**e,
> du **geh**st, … Was sich verändert, nennt man **Endung**: ich geh**e**,
> du geh**st**, … Die Endung richtet sich danach, wer etwas tut.

Der Hund	schlafen	im Hof.
Das Pferd	stehen	auf der Weide.
Die Hühner	sitzen	auf der Stange.

❹ Schreibe die Sätze richtig auf. Unterstreiche die Verben.

WIEDERHOLEN UND ÜBEN

> **Verben** stehen in der **Grundform** (schreiben) oder in der
> **Personalform** (er schreibt). Wenn du nicht weißt, wie
> ein Verb in der Personalform geschrieben wird, kannst du
> seine Grundform bilden: schrei**b**en – er schrei**b**t.

Grundform	ich	du	wir
schlaf**en**	ich schlaf**e**	du …	wir …

❺ Zeichne die Tabelle in dein Heft.
Trage die Verben in der Grundform ein.

❻ Bilde die Personalformen.
Unterstreiche die Endungen.

Wortfelder

> Zu einem **Wortfeld** gehören **Wörter mit ähnlicher Bedeutung**.
> Mit ihnen kann man etwas genauer beschreiben.

Wortfeld „sprechen": fragen, reden, erzählen, rufen

❶ Erkläre die verschiedenen Bedeutungen
dieser Verben.

Die Lehrerin Frau Struck ▨▨▨▨▨ von der Klassenfahrt.

Lotta hört nicht zu. Sie ▨▨▨▨▨ mit ihrer Freundin.

Da ▨▨▨▨▨ Frau Struck: „Lotta, kann ich dir helfen?"

„Die passt doch nie auf!", ▨▨▨▨▨ David in die Klasse.

❷ Schreibe den Text mit den
passenden Verben auf.

Adjektive (Wiewörter)

> **Adjektive (Wiewörter)** beschreiben, wie Menschen, Tiere und
> Dinge sind. Sie werden **kleingeschrieben**: Das Kleid ist **schön**.

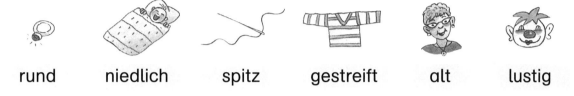

| rund | niedlich | spitz | gestreift | alt | lustig |

❶ Bilde Sätze. Schreibe so: *Die Oma ist …*

> Steht ein **Adjektiv vor** einem **Nomen**, verändert es sich:
> laut – ein laut**er** Knall – ein laut**es** Geräusch.

Ein Frosch kann weit springen, weil er ▨▨▨ Hinterbeine hat.
Der Igel wehrt sich mit seinen ▨▨▨ Stacheln.
Unsere Katze hat ein ganz ▨▨▨ Fell.
Unser Nachbar besitzt ein ▨▨▨ Kaninchen.
Rehe sind sehr ▨▨▨ Waldtiere.

weich   spitz   scheu   niedlich   lang

❷ Schreibe den Text mit den passenden Adjektiven auf.
Markiere die Endungen.

*Eins, zwei, drei,
alt ist nicht neu,
arm ist nicht reich,
hart ist nicht weich,
frisch ist nicht faul,
Ochs ist kein Gaul.*

*Eins, zwei, drei,
alt ist nicht neu,
neu ist nicht alt,
warm ist nicht kalt,
kalt ist nicht warm,
reich ist nicht arm.*

❸ In diesen Abzählreimen findest du viele Adjektive, die das Gegenteil
ausdrücken. Schreibe sie so auf: *alt – neu, arm – …*

WIEDERHOLEN UND ÜBEN

Satzarten – Satzzeichen

> Am Satzanfang schreiben wir immer groß.
> Die meisten Sätze sind **Aussagesätze**.
> Am Ende eines Aussagesatzes steht ein **Punkt**.

Es ist Herbst Herr Mola holt die Leiter er will nun die reifen Äpfel pflücken vorsichtig klettert er hinauf er legt die Äpfel in einen Korb später wird er einen Apfelkuchen backen

❶ Schreibe den Text richtig auf.

❷ Unterstreiche die Satzanfänge und die Punkte.

> Wenn man etwas wissen will, stellt man Fragen.
> Viele **Fragesätze** beginnen mit **Fragewörtern** wie:
> **Was? Wer? Warum? Wie? Wo?**
> Am Ende eines Fragesatzes steht immer ein **Fragezeichen**.

▨▨▨▨ ist mein Hund ▨

▨▨▨▨ hat ihn gesehen ▨

▨▨▨▨ kann ich ihn finden ▨

▨▨▨▨ hilft mir denn niemand ▨

Weshalb ist er weggelaufen?

❸ Schreibe die Fragesätze vollständig auf, markiere die Fragewörter.

> Sätze, die wir rufen, sind **Ausrufesätze**. Sätze, die sagen, was einer tun soll, nennt man **Aufforderungssätze**.
> Am Ende beider Sätze steht ein **Ausrufezeichen**.

Das ist aber toll ▨▨▨   Komm endlich her ▨▨▨   Da bist du ja ▨▨▨

Prima, das hast du gut gemacht ▨▨▨   Hör auf zu stören ▨▨▨

❹ Schreibe die Sätze mit den richtigen Satzschlusszeichen auf.

Wörter nach dem Abc ordnen

> Wörter kann man ordnen, indem man sie nach
> den Anfangsbuchstaben von A bis Z sortiert.

❶ Schreibe die Blumennamen nach dem Abc geordnet auf.

> Ist der erste Buchstabe bei verschiedenen Wörtern gleich,
> ordnet man nach dem zweiten Buchstaben.

❷ Schreibe die Wörter nach dem Abc geordnet auf.

> Sind der erste und der zweite Buchstabe bei verschiedenen
> Wörtern gleich, ordnet man nach dem dritten Buchstaben.

Fliege   Flamingo   Fledermaus   Flusspferd   Floh

❸ Schreibe die Tiernamen nach dem Abc geordnet auf.

WIEDERHOLEN UND ÜBEN

Eine Bücherei besuchen

In der **Bücherei** gibt es viele **Bücher**. Damit man die einzelnen Bücher leichter findet, sind sie nach **Bereichen** sortiert.
In den Bereichen sind die Namen der Autoren nach dem **Abc** geordnet.

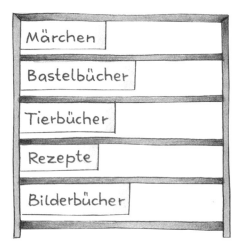

❶ Zu welchem Bereich gehören die Bücher rechts?

❷ Schreibe die Namen der Autoren nach dem Abc geordnet auf.

Wenn du etwas über den **Inhalt eines Buches** erfahren möchtest, kannst du den kurzen Text **auf der Rückseite** der meisten Bücher lesen.

Einen Lesetipp schreiben

Wenn du ein Buch vorstellen möchtest, kannst du einen eigenen Lesetipp schreiben.

Mein Lesetipp

Lesetipp von: _____

Titel: _____

_____

Autor/in: _____

Das passiert im Buch: _____

_____

_____

Es gefällt mir, weil _____

_____

❶ Schreibe nach diesen Vorgaben einen eigenen Lesetipp.

Einen Text abschreiben

So kannst du das Abschreiben üben:

1. Lies den Text.
2. Lies einzelne Wörter oder Wortgruppen.
3. Decke sie zu und schreibe sie auf.
4. Vergleiche! Hast du alles richtig?

Großmutter näht Teresa ein Kleid.

Sie sitzt an der Nähmaschine. Teresa ist sehr glücklich.

Sie hat am Dienstag Geburtstag.

Dann wird sie das neue Kleid anziehen.

❶ Schreibe den Text nach den Angaben ab.
Achte besonders auf die schwierigen Wörter in den Kästchen.

Ein Gedicht abschreiben

Wenn du ein Gedicht abschreiben willst, gehe so vor:

1. Lies den Text und achte auf die Reimwörter.
2. Schreibe die Zeilen bis zum Reimwort ab.
3. Beginne nach dem Reimwort eine neue Zeile.

Sommerregen

Die Bäume sind nass vom Kopf bis zum **Zeh**. Ich wandere barfuß durch die **Allee**. Die Wiese ist sumpfig, der Weg ist ein **Bach**, es trommeln die Tropfen aufs **Gartenhausdach**.

Ich wandere barfuß. Das Gras kitzelt **so**. Was ich hier mache? Nass sein und **froh**!

Georg Bydlinski

❶ Schreibe nun das Gedicht nach den Vorgaben auf.

Ein Gedicht abschreiben und auswendig lernen

So kannst du ein Gedicht auf ein Blatt schreiben:

1. Überlege, wie du die Strophen anordnen willst.
2. Zeichne dir mit dem Lineal Linien vor.
3. Schreibe mit dem Bleistift vor.
   Passen die Zeilen in eine Reihe?
4. Wenn du fertig bist, kannst du das Blatt gestalten.

Freunde

Dieses Gedicht will ich dir schreiben
damit wir für immer Freunde bleiben.
Ich hoffe, dass du nicht lachst beim Lesen.
Sonst ist's vorbei, das wär's gewesen!

Schreibst du mir auch? Das ist mein Traum.
Ich schlösse mich ein in meinen Raum,
würde still genießen jeden Reim
und wir werden beste Freunde sein.

Sonja Kargl

❶ Schreibe das Gedicht auf ein Blatt.

So kannst du ein Gedicht auswendig lernen:

1. Lies den Text mehrmals laut.
   Versuche dabei, betont zu lesen.
2. Lies die erste Zeile.
3. Schließ die Augen und sprich sie auswendig.
4. Lies die zweite Zeile.
5. Schließ die Augen und sprich die beiden ersten Zeilen
   auswendig.
6. Lies so oft, bis du den ganzen Text auswendig kannst.

❷ Lerne das Gedicht nach diesen Schritten auswendig.

Eine Geschichte erzählen

> **So kannst du eine Geschichte erzählen:**
>
> 1. Schaue deine Zuhörer an.
> 2. Betone wichtige Wörter.
> 3. Setze deine Stimme ein:
>   Sprich deutlich, mal laut, mal leise.
> 4. Achte auf dein Sprechtempo:
>   Sprich nicht zu schnell, mach Pausen.
> 5. Erzähle mit Gesicht und Körper.

Nachtwanderung

Klasse 2a   Ali krank   Bett hüten

Lehrer geht vorne   Lisa Angst   geht am Ende

Gespenst aus dem Gebüsch   Gespenst fällt hin

Lisa schreit   Maro lacht   Ali wütend

❶ Erzähle mit Hilfe der Stichwörter eine Geschichte.

Gesprächsregeln

> **Um Gespräche führen zu können,**
> **sollte man folgende Gesprächsregeln beachten:**
>
> 1. Melde dich, bevor du redest.
> 2. Sprich nur, wenn du an der Reihe bist.
> 3. Sieh deinen Gesprächspartner an.
> 4. Höre den anderen genau zu.
> 5. Frage nach, wenn du etwas nicht verstanden hast.
> 6. Sprich freundlich und beschimpfe niemanden.

① Welche Kinder halten sich an die Gesprächsregeln?

Partnerdiktat

So kannst du ein Partnerdiktat schreiben:

1. Lest euch beide den ganzen Text gut durch.
2. Ein Kind diktiert den Text in kleinen Wortgruppen, das andere schreibt.
3. Diktiert auch die Satzzeichen.
4. Kontrolliert den Text und berichtigt die Fehler.
5. Nun kann gewechselt werden.

Alis Geburtstag

Ali hat heute Geburtstag.
Er hat seine besten Freunde eingeladen.
Sie essen Kuchen und trinken Kakao.
Danach machen sie eine Schnitzeljagd.
Am Abend sind alle müde.

① Diktiert und schreibt den Text als Partnerdiktat.

Partner – Stopp – Diktat

So kannst du ein Partner – Stopp – Diktat schreiben:

1. Lest euch beide den ganzen Text gut durch.
2. Ein Kind diktiert den Text in kleinen Wortgruppen.
   Es prüft dabei, was das andere Kind schreibt.
   Bei einem Fehler sagt es „Stopp!".
3. Der Fehler wird sofort berichtigt.
4. Zum Schluss wird gewechselt.

Die Klasse 2 b hat zum ersten Mal Schwimmunterricht.
Niemand weiß, dass Sinan nicht schwimmen kann.
Im Schwimmbad teilen die Lehrer die Klasse in zwei Gruppen ein.
Sinan lacht, denn seine besten Freunde können auch
noch nicht schwimmen.

❶ Lest den Text. Achtet besonders auf die schwierigen Wörter.

❷ Diktiert und schreibt den Text als Partner – Stopp – Diktat.

Richtig abschreiben

Richtig abschreiben

Auch beim Abschreiben eines Textes kannst du
die Rechtschreibung üben.

1. Lies den ganzen Text.
2. Lies nun Wörter oder
   Satzteile.
3. Merke sie dir.

4. Decke den Textteil ab.
5. Schreibe ihn aus dem
   Gedächtnis auf.
6. Vergleiche.

Leselexikon

Alphabet
Alle Buchstaben unserer Schrift nennen wir das Abc oder auch Alphabet. Der Name setzt sich zusammen aus Alpha und Beta. Das sind die ersten Buchstaben des griechischen Alphabets.

Anschrift
Die Anschrift auf einem Brief gibt an, wer ihn erhalten soll. Willst du den Brief mit der Post versenden, musst du eine vollständige Anschrift angeben. Diese besteht aus dem Namen des Empfängers, der Straße mit Hausnummer und der Stadt mit Postleitzahl. Wenn dein Brief ins Ausland gehen soll, musst du auch das Land angeben.

Ameisenbär
Der Name „Ameisenbär" bezieht sich auf die bevorzugte Nahrung des Tieres: Ameisen. Der Ameisenbär holt sie mit seiner langen, klebrigen Zunge aus den Ameisennestern heraus. Sein Körper kann bis zu 2 m lang werden. Das Fell ist struppig und braun, sein Kopf schmal mit einer langen Schnauze. Er lebt in Süd- und Mittelamerika.

Astern
Astern werden auch Sternblumen genannt, da sie zahllose strahlenförmige Blütenblätter haben. Es gibt sehr viele unterschiedliche Arten, die in verschiedenen Farben bis zum Spätherbst blühen.

Autor/-in
Autor/-innen sind Personen, die sich einen Text ausdenken und schreiben. Wir nennen sie auch Schriftsteller/-innen.

Bienenstock
Bienen leben in einem Bienenstock. In der Natur suchen sie sich hohle Baumstämme. Menschen halten Bienen in Holzkästen oder Körben.

Buch-illustration	Wer das Fach Buchillustration studiert, wird später Illustrator/-in. Illustratoren/-innen malen Bilder zu einem Buch. Besonders viele Illustrationen findest du in Bilderbüchern. Bilder können helfen, einen Text besser zu verstehen.
Buchrücken	Den Buchrücken nennt man den Teil des Buches, den man sieht, wenn das Buch im Regal steht. Auf dem Buchrücken steht der Titel des Buches und der Name des Autors. So kann man ein bestimmtes Buch im Regal finden, ohne es dazu herausnehmen zu müssen.
Elefant	Der Elefant ist das größte Säugetier, das an Land lebt. Er ist Pflanzenfresser. Es gibt zwei Arten: Den asiatischen Elefanten erkennt man vor allem an den kleinen Ohren. Der afrikanische Elefant dagegen hat große Ohren.
Figuren	Das Wort „Figuren" hat verschiedene Bedeutungen. Figuren können Personen oder Gestalten in einem Buch, im Film oder Theater sein. Sie spielen in einer Geschichte mit.
Gutsbesitzer	Ein Gut ist ein großer Bauernhof mit vielen Ländereien. Der Gutsbesitzer hat meist mehrere Mitarbeiter, die ihm bei der Landwirtschaft oder der Versorgung der Tiere helfen.
Hauptstadt	Die Hauptstadt eines Landes ist meistens die Stadt, in der die Regierung ihren Sitz hat. Sie ist nicht immer die größte Stadt. Die Hauptstadt von Deutschland ist Berlin.

**Hörbuch/
Hörspiel**

Bei einem *Hörbuch* wird von einem Sprecher der vollständige Text eines Buches vorgelesen. So kann man mittlerweile viele Bücher auch als Hörbuch auf CD kaufen. Im Gegensatz dazu ist das *Hörspiel* die Umsetzung einer Geschichte durch mehrere Sprecher, häufig begleitet von Musik und Geräuschen. Mit der Erfindung des Radios entstanden die ersten Hörspiele. Heute gibt es viele Hörspiele auf CD.

Horst

Einen Horst nennt man das Nest von großen Vögeln. Es besteht aus Ästen und Zweigen. Die Störche bauen ihren Horst meistens auf hohen Gebäuden.

Internet

Das Internet verbindet viele Computer auf der ganzen Welt wie ein Netz (englisch: net). Deshalb wird es manchmal auch nur „das Netz" genannt. Im Netz können Informationen und Bilder an andere Computer gesendet werden.

Kaulquappen

Kaulquappen sind die Larven der Frösche. Aus ihnen entwickeln sich Frösche.

**Kompost-
haufen**

Komposthaufen stehen meist in Gärten. Dort werden Gartenabfälle und alle Küchenreste, die von Pflanzen stammen, gesammelt. Diese verrotten dann zu nährstoffreicher Erde (Kompost).

Labyrinth

Ein Labyrinth ist sehr langer, in sich gefalteter Weg, der immer wieder seine Richtung ändert. Das Ziel des Labyrinths liegt in der Mitte. Man muss also den gleichen Weg auch wieder zurückgehen.

Laib

Meistens spricht man von einem Laib Brot oder Käse. Damit wird ein ganzes Brot oder ein ganzer Käse gemeint.

Lumpen	Als Lumpen bezeichnet man alte Kleidungsstücke oder Stoffreste. Aus Lumpen kann auch Papier hergestellt werden. Früher gab es Lumpensammler.
Porträt	Das Wort „Porträt" kommt aus dem Französischen. Es ist ein anderes Wort für ein gemaltes oder fotografiertes Bild von einem Menschen.
Reisig	Unter Reisig versteht man dünne Zweige mit Rinde.
Rückseitentext	Der Rückseitentext steht auf der Rückseite eines Buches. Manchmal finden wir ihn auch auf der Umschlagsklappe, dann nennen wir ihn Klappentext. Der Text fasst den Inhalt des Buches kurz zusammen und soll neugierig machen das Buch zu lesen.
Spottverse	Spottverse sind Gedichte, die sich über eine Person oder eine Sache lustig machen.
Titel	Bücher oder Lieder haben einen Namen. Dieser Name ist so etwas wie die Überschrift eines Buches oder Liedes. Oft soll der Titel auf ein Buch neugierig machen.
Wissenschaftler/-in	Wissenschaftler/-innen sind Menschen, die Dinge erforschen und diese zu erklären versuchen.
Witwe	Man nennt eine Frau eine Witwe, wenn ihr Ehemann gestorben ist. Stirbt die Ehefrau, so nennt man den Mann Witwer.

Wörterliste

A

abwaschen
alle
allein
alt
am
anfangen
angeln
der Apfel, die Äpfel
arbeiten
arm
der Arzt, die Ärztin
der Ast, die Äste
auch
auf
aufeinander
aufpassen
aufstehen
das Auge, die Augen
ausruhen
aussehen
das Auto, die Autos

B

bald
der Ball, die Bälle
das Band, die Bänder
die Bank, die Bänke
der Baum, die Bäume
der Becher, die Becher
beginnen
bekannt
benutzen
das Bett, die Betten

die Biene, die Bienen
das Bild, die Bilder
das Blatt, die Blätter
blau
die Blume, die Blumen
böse
braun
breit
die Brezel, die Brezeln
der Brief, die Briefe
das Brot, die Brote
der Bruder, die Brüder
der Brunnen, die Brunnen
das Buch, die Bücher
die Bücherei
bunt

C

der Computer, die Computer
der Cousin
die Cousine

D

das Dach, die Dächer
dann
darf
das
decken
denken
denn
der
deutsch
dick
die

der Dienstag

diese

das Diktat, die Diktate

das Ding, die Dinge

donnern

der Donnerstag

das Dorf, die Dörfer

die Dose, die Dosen

der Drachen, die Drachen

drei

dreizehn

drehen

der Duft, die Düfte

dunkel

dünn

dürfen

E

eckig

das Eichhörnchen,
die Eichhörnchen

der Eimer, die Eimer

ein

das Eis

der Elefant, die Elefanten

die Eltern

eng

England

englisch

entdecken

er

die Erde

erkennen

erschrecken

erzählen

der Esel, die Esel

essen

F

fahren

das Fahrrad, die Fahrräder

die Fahrt, die Fahrten

fallen

die Familie, die Familien

fangen

faul

der Februar

die Fee, die Feen

der Fehler, die Fehler

das Fenster, die Fenster

die Ferien

das Fernsehen

das Feuer, die Feuer

die Figur, die Figuren

der Film, die Filme

finden

der Finger, die Finger

der Fisch, die Fische

flach

die Flasche, die Flaschen

fleißig

die Fliege, die Fliegen

fliegen

fließen

das Floß, die Flöße

der Fluss, die Flüsse

fragen

die Frau, die Frauen

der Freitag
freuen
der Freund, die Freunde
die Freundin, die Freundinnen
freundlich
der Frosch, die Frösche
früh
frühstücken
fünf
für
der Fuß, die Füße
der Fußball, die Fußbälle
das Futter
füttern

G

die Gabel, die Gabeln
geben
der Geburtstag, die Geburtstage
gehen
gelb
gern
das Geschenk, die Geschenke
das Gespenst, die Gespenster
gesund
gibt, er gibt
das Glas, die Gläser
glatt
das Glück
graben
grau
groß
die Großmutter, die Großmütter
der Großvater, die Großväter
grün
gut

H

das Haar, die Haare
haben
hacken
der Hahn, die Hähne
die Hand, die Hände
der Hase, die Hasen
hässlich
hasten
hat, er hat
das Haus, die Häuser
heiraten
heiß
die Hexe, die Hexen
der Himmel, die Himmel
hinauf
hinter
der Hof, die Höfe
hoffen
hoffentlich
holen
das Holz, die Hölzer
das Huhn, die Hühner
die Hummel, die Hummeln
der Hund, die Hunde
hundert
hüpfen
der Hut, die Hüte

I

der Igel, die Igel
ihn
ihr
ihre
im
immer

in
die Insel, die Inseln
das Internet
der Irrgarten, die Irrgärten
isst, er isst

J

jung
der Junge, die Jungen

K

kalt
kann, er kann
die Kanne, die Kannen
die Katze, die Katzen
kaufen
der Keks, die Kekse
das Kind, die Kinder
die Kirche, die Kirchen
die Klasse, die Klassen
der Klee
das Kleid, die Kleider
klein
der Koch, die Köchin
kommen
können
der Kopf, die Köpfe
krank
kriegen
die Krone, die Kronen
der Kuchen, die Kuchen
die Kuh, die Kühe
kurz

L

lachen

das Lager, die Lager
lang
langsam
lassen
laufen
laut
leben
legen
die Lehrerin, die Lehrerinnen
leicht
lernen
lesen
die Leute
das Licht, die Lichter
lieben
das Lied, die Lieder
liegen
liest, er liest
die Linde, die Linden
der Löffel, die Löffel
lustig

M

machen
das Mädchen, die Mädchen
mag, ich mag
die Mama
manchmal
die Mappe, die Mappen
das Märchen, die Märchen
die Matte, die Matten
die Maus, die Mäuse
die Medizin
das Meer, die Meere
mehr
mehrere

mein
der Mensch, die Menschen
das Messer, die Messer
mir
mit
der Mittwoch
möchte, ich möchte
mögen
die Möhre, die Möhren
der Mond, die Monde
der Montag
müde
der Mund, die Münder
die Musik
muss, ich muss
müssen
mutig
die Mutter, die Mütter
die Mütze, die Mützen

N _____

nach
der Nachmittag,
die Nachmittage
die Nacht, die Nächte
nähen
die Nase, die Nasen
nehmen
nicht
nimmt, er nimmt
noch
die Nuss, die Nüsse

O _____

oder
der Ofen, die Öfen

offen
oft
die Oma, die Omas
der Onkel, die Onkel
der Opa, die Opas
ordentlich

P _____

der Papa
die Pappe, die Pappen
parken
passen
die Pause, die Pausen
der Pfadfinder, die Pfadfinder
das Plakat, die Plakate
der Platz, die Plätze
plötzlich
der Polizist, die Polizistin
das Pony, die Ponys
die Post
der Preis, die Preise
der Pullover, die Pullover
die Puppe, die Puppen
putzig

Q _____

quadratisch
quaken
die Qualle, die Quallen
quer
quieken

R _____

das Radio, die Radios
raten
die Ratte, die Ratten

rau

der Raum, die Räume

rechnen

rechts

reden

reisen

rennen

richtig

die Richtung, die Richtungen

riechen

der Riese, die Riesen

der Ritter, die Ritter

der Rock, die Röcke

die Rolle, die Rollen

der Roller, die Roller

rot

rufen

rund

der Rüssel, die Rüssel

S

sagen

sammeln

der Samstag

sauer

sausen

der Schatz, die Schätze

schauen

schenken

schlafen

schleichen

schließen

der Schlitten, die Schlitten

der Schluss, die Schlüsse

schmal

schmecken

schmutzig

der Schnabel, die Schnäbel

der Schnee

schnell

schnitzen

schon

schön

schreiben

die Schule, die Schulen

die Schüssel, die Schüsseln

schwach

schwarz

schwer

die Schwester, die Schwestern

schwimmen

der See, die Seen

sehen

sein

setzen

sie

sieben

siegen

sieht, sie sieht

sind, wir sind

singen

sitzen

das Skelett, die Skelette

sogar

sollen

die Sonne, die Sonnen

der Sonntag, die Sonntage

der Spaß, die Späße

spät

spazieren

der Spiegel, die Spiegel

spielen

der Sport
sprechen
spricht, er spricht
springen
spuken
die Stadt, die Städte
stand, es stand
stark
stehen
steil
der Stein, die Steine
stellen
der Stern, die Sterne
der Stiefel, die Stiefel
der Stock, die Stöcke
stolpern
der Storch, die Störche
die Straße, die Straßen
streicheln
streiten
der Strumpf, die Strümpfe
der Stuhl, die Stühle
der Sturm, die Stürme
suchen
die Suppe, die Suppen
süß

T _____

der Tag, die Tage
täglich
die Tante, die Tanten
der Tänzer, die Tänzerin
die Tasche, die Taschen
die Tasse, die Tassen
das Taxi
der Teddy, die Teddys
der Tee

der Teich, die Teiche
der Teller, die Teller
der Text, die Texte
das Tier, die Tiere
der Tisch, die Tische
toben
toll
tragen
der Traum, die Träume
träumen
treffen
trinken
der Turm, die Türme

U _____

üben
über
überall
das Ufer, die Ufer
die Uhr, die Uhren
und
unglücklich
unheimlich
unternehmen

V _____

der Vater, die Väter
der Verkäufer, die Verkäuferin
verständigen
verstecken
verstehen
versuchen
viel
viele
vielleicht
vier

der Vogel, die Vögel
von
vorbei
vorfahren
vorsagen
vorschreiben
vorspielen

wohnen
die Wolke, die Wolken
die Wolle
wollen
das Wort, die Wörter
wünschen
der Wurm, die Würmer

W

wach
wandern
warm
warum
was
waschen
das Wasser
die Watte
wehen
weich
weinen
weiß
weit
die Welle, die Wellen
die Welt, die Welten
wer
werden, wir werden
wie
die Wiese, die Wiesen
das Wiesel, die Wiesel
will, ich will
winken
winzig
wir
wird, er wird
wissen
wo

Z

zählen
der Zahn, die Zähne
die Zeit, die Zeiten
die Zeitschrift, die Zeitschriften
die Zeitung, die Zeitungen
das Zelt, die Zelte
die Ziege, die Ziegen
das Zimmer, die Zimmer
die Zitrone, die Zitronen
zur
zurufen
zusammen
der Zwerg, die Zwerge

Quellennachweis

S. 16: Shaw, Elizabeth: Der kleine Angsthase (Textauszug), Der KinderbuchVerlag in der Verlagsgruppe Beltz, Weinheim, Basel, Berlin 2006

S. 17: Kreft, Marianne: Sabine. Aus: Hans-Joachim Gelberg (Hrsg.): Überall und neben dir. Beltz & Gelberg Weinheim 1986.

S. 18: Krenzer, Rolf: Das wünsch ich mir. Aus: Krenzer, Rolf: Hallo, Tag. Mein Kalenderbuch, Lahnverlag, Limburg 1990.

S. 18: Schwarz, Regina: Wen du brauchst. Aus: Hans-Joachim Gelberg (Hrsg.): Überall und neben dir. Beltz & Gelberg, Weinheim 1986.

S. 19: Härtling, Peter: Sofie hat einen neuen Pullover. Aus: Härtling, Peter: Sofie macht Geschichten, Beltz & Gelberg Verlag Weinheim/ Basel 1987.

S. 20: McBratney, Sam/Jeram, Anita: Weißt du eigentlich, wie lieb ich dich hab? (Textauszug), Sauerländerverlag, Frankfurt/Salzburg 1997

S. 21: Schimmler, Ute: Lieblingstiere. Originalbeitrag.

S. 21: Trautmann, Sabine: Wiesel. Originalbeitrag

S. 22: Zungenbrecher. Volksgut

S. 22: Schimmler, Ute: Lauter Unsinn. Originalbeitrag.

S. 23: Trautmann, Sabine: Anja ärgert sich. Originalbeitrag

S. 23: Guggenmos, Josef: Das Abc im Rückwärtsgang. Aus: Guggenmos, Josef: Sonne, Mond und Luftballon. Gedichte für Kinder. Beltz Verlag, Weinheim und Basel 1984

S. 30: Paul, Jean: Lesen macht stark. Übersetzung von Kurt Franz, dtv München 1988

S. 34: Guggenmos, Josef: Meine Bücher. Aus: Guggenmos, Josef: Das kunterbunte Kinderbuch. Herder-Verlag, Freiburg, 1962.

S. 40: Grosche, Erwin: Zauberspruch. Aus Grosche, Erwin, Christiane Hansen (Illustration): E-le-fa, E-le-fee! Was macht der Elefant am See? Lautgedichte und Sprachspiele quer durchs ABC, Edition Bücherbär im Arena-Verlag, Würzburg 2007.

S. 41: Maar, Paul: Buchstabenspiel. Aus: Paul Maars kleiner Flohmarkt. Oettinger, Hamburg 1987.

S. 41: Grosche, Erwin: Silbenklatschen. Aus Grosche, Erwin, Christiane Hansen (Illustration): E-le-fa, E-le-fee! Was macht der Elefant am See? Lautgedichte und Sprachspiele quer durchs ABC, Edition Bücherbär im Arena-Verlag, Würzburg 2007.

S. 42: Janosch: Post für den Tiger. (gekürzt) aus: Janosch: Post für den Tiger, Beltz-Verlag, Weinheim und Basel, 1992.

S. 43: Guggenmos, Josef: Der Brief. Aus: Guggenmos, Josef: Was denkt die Maus am Donnerstag? Georg Bitter Verlag, Recklinghausen, 1967.

S. 44/45: Moser, Erwin: Xaveria Rotpelz, die Bücherkatze. Aus: Moser, Erwin: Der Siebenschläfer. Beltz Verlag, Weinheim und Basel, 1991.

S. 45: Schniebel, Jan P.: Rotfuchs liest. Aus: FUCHS JUX rotfuchs 51, Rowohlt Verlag, Reinbek, 1974.

S. 46/47: Funke, Cornelia: Das verzauberte Klassenzimmer. Loewe Verlag, Bindlach, 1997.

S. 59: Lakomy, Reinhard/Ehrhardt, Monika: Der Traumzauberbaum. Texte beim Urheber

S. 67: Hausspruch: Ruck-Pauquét, Gina: Hausspruch. Aus: Ruck-Pauquét, Gina: Wunder Welt; Schwann-Verlag, Düsseldorf 1968

S. 70: Trautmann, Sabine: Der Elefant im Apfelbaum. Originalbeitrag.

S. 72: Könner, Alfred: Wovon träumt der Igel. Abel & Müller-Verlag, 1. Auflage Leipzig

S. 73: Trautmann, Sabine: Winterschlaf der Igel. Originalbeitrag.

S. 74/45: Mai, Manfred: Felix' größter Wunsch Aus: Mai, Manfred: Volltreffer für Felix (Textauszug), (Lesespatz) Loewe Verlag GmbH, Bindlach 2000, 1. Auflage

S. 76/77: Mai, Manfred: Der Schlumischubu. Aus: Die schönsten 1-2-3 Minutengeschichten. Verlag Ravensburg 2001

S. 77: Ende, Michael: Zum Einschlafen zu murmeln. Aus: Ende, Michael: Das Schnurpsenbuch. Verlag Thienemann, Stuttgart 1979

S. 78/79: Gehm, Franziska: Die Geburtstagsüberraschung. Aus: Gehm, Franziska: Kleine Freundschaftsgeschichten, Känguru Lesespaß, arsEdition, München 2006

S. 99: Schimmler, Ute: Fußball. Originalbeitrag

S. 100/101: Langen, Annette: Briefe von Felix – Ein kleiner Hase auf Weltreise. Illustrationen von Constanze Droop. Coppenrath Verlag, Münster 1994

S. 102/103: Schimmler, Ute: Spuk im Schloss. Originalbeitrag

S. 104/105: Caroll, Lewis: Alice im Wunderland. Übersetzung von Erika Krammer, Illustrationen von Lisbeth Zwerger. Verlag Gossau. Zürich, Hamburg, Salzburg 1999.

S. 116: Manz, Hans: Du. Aus: Manz, Hans: Mit Wörtern fliegen. Weinheim, Basel, Beltz 1995.

S. 124/125: Schulze, Hanneliese: Mit den Füßen sehen. Aus: Laterne, Laterne Oetinger Verlag 2004

S. 125: Trautmann, Sabine: Was mein Körper alles kann. Originalbeitrag

S. 126: Heine, Helme: Heute geh ich aus dem Haus. Aus: Heine, Helme: Vom Sehen, Hören, Schmecken, Riechen und …, Middelhauve Verlag, Köln, Zürich 1990

S. 127: Trautmann, Sabine und Ende, Kerstin: Wie Tiere ihre Umwelt wahrnehmen. Originalbeitrag

S. 128/129: Trautmann, Sabine: Sascha. Originalbeitrag

S. 129: Regina Schwarz: Meins. Aus: Gelberg, Hans-Joachim (Hrsg.): Augenaufmachen. 7.Jahrbuch der Kinderliteratur. Beltz Verlag, Weinheim/Basel 1994

S. 130/131: Theodor Seuss Geisel: Jeder Tag hat eine Farbe. Aus: Theodor Seuss Geisel, Jeder Tag hat eine Farbe. Übersetzung Uli Blume, CBJ Verlag 1997.

S. 144: Schimmler, Ute: Märchenbriefe. Originalbeitrag.

S. 151: Schimmler, Ute: Von der Hexe, die schwimmen lernen wollte. Originalbeitrag

S. 152/153: Paul Maar: Eine Woche voller Samstage. Aus eine Woche voller Samstage; Verlag Friedrich Oetinger, Hamburg 1973

S. 154: Kurt Franz: Verrückte Namenwelt. Aus Praxis Deutsch Sonderheft, Friedrich Verlag Seelze 1973.

S. 155: Hans Christian Andersen: Zwölf mit der Post (Gekürzt). Aus: Sämtliche Märchen in zwei Bänden. Übersetzung von Thyra Dohrenberg, Winkler Verlag 1949.

S. 156: Kargl, Sonja: Die Brüder Grimm. Originalbeitrag

S. 157: Jatzek, Gerold: Rumpelstilz sucht seine Freunde. Aus: Gelberg, Hans-Joachim: Großer Ozean: Gedichte für alle. Beltz Verlag, Weinheim 2000.

S. 158: Ellermann, H.: Das Rübenziehen. Aus: Ellermann, H. (Hrsg.): Russische Volksmärchen. Übersetzung Xaver Schaffgotsch, Hamburg und München 1964

S. 159: Bechstein, Ludwig. Das Natternkrönlein. Aus: Bechstein, Ludwig: Märchen und Sagen. Bearbeitung Erik Jelde, Droemer Knaur München 1954

S. 160/161: Grimms Märchen: Die drei Federn. Aus: Märchen der Brüder Grimm. Beltz&Gelberg Verlag. Gekürzt.

S. 162/163: Ziebarth, Ursula: Wie es kam, dass der Hamster den Tiger fraß. © Rechte liegen bei Ursula Ziebarth, Berlin.

S. 170/171: Haas, Bärbel: Der Kern & Das Jahr der Sonnenblume. GT Verlag Würzburg 2000

S. 172: Herbstlied. Ihr Blätter, wollt ihr tanzen. Melodie: überliefert. Text: G.Lang © G.Lang

S. 173: Meiers, Kurt: Wir suchen den Herbst. Aus: Deutsch. Praxis Grundschule, Heft 4,1988. Westermann Grundschulverlag GmbH Braunschweig

S. 174: Schölling, Josef: So ein dicker Nebel. Aus: Aschendorffs Lesebuch für katholische Volksschulen. Aschendorffsche Verlagsbuchhandlung Münster 1965

S. 176: Blum, Lisa-Marie: Im Advent. Aus: Blum, Lisa-Marie: Neue Reime für liebe Kinder. Ehlermann Dresden 1947

S. 177: Pörsel, Ortfried: Wie`s im ganzen Hause duftet. Fidula-Verlag Boppard/Rhein

S. 178/179: Lindgren, Astrid: Pippis Plünderfest. Aus: Pippi plündert den Weihnachtsbaum. Übersetzung Senta Kapoun, Oetinger. Hamburg 1981.

S. 180/181: Michels, Tilde: Es klopft bei Wanja in der Nacht. DTV Junior. München 2000.

S. 182: Guggenmos, Josef: Ich male mir den Winter. Aus: Das Geisterschloss. Rowohlt Taschenbuchverlag Reinbek 1974.

S. 183: Fastnacht der Tiere. Volksgut

S. 184: Nordquist, Sven: Aufruhr im Gemüsebeet. Übersetzung Angelika Kutsch, Friedrich Oetinger Verlag Hamburg 1991

S. 185: Heine, Helme: Der Hase mit der roten Nase. Aus: Ein Middelhauve-Bilderbuch. Middelhauve Verlag, Köln und Zürich 1987

S. 186: Lindgren, Astrid: April, April. Aus: Mehr von uns Kindern aus Bullerbü. Übersetzung Karl Kurt Peters, Oetinger Verlag Hamburg 1968

S. 188: Moser, Erwin: Gewitter. Aus: Überall und neben dir. Beltz&Gelberg Weinheim 1986

S. 189: Schimmler, Ute/Trautmann, Sabine: Ferien zu Hause. Originalbeitrag

S. 190: Schimmler, Ute: Teltsame Siere. Originalbeitrag.

S. 191: Hoffmann von Fallersleben, Heinrich: Auf unsrer Wiese geht was. o.J.

S. 205: Bydlinski, Georg: Sommerregen. Aus: Der neue Wünschelbaum, Dachs Verlag 1999

S. 206: Kargl, Sonja: Freunde. Originalbeitrag

Abbildungsverzeichnis

S. 4: Lesender Junge © iStockphoto, Calgary, Alberta;

S. 4: Junge fährt Fahrrad © Avenue Images GmbH, Hamburg;

S. 4: Jungen beim Kickerspiel © Sabine Trautmann, Berlin;

S. 4: Mädchen im Samskostüm © Mit freundlicher Genehmigung des Verlags Friedrich Oetinger, Hamburg und Familie Foede, Leipzig;

S. 4: Junge mit Hund © iStockphoto, Calgary, Alberta;

S. 4: Musizierende Kinder © Getty Images PhotoDisc, Hamburg;

S. 5: Maro und Lotta © Andreas Klingebiel, www.pixlux.de;

S. 5: Junge und Mädchen am Computer © Bananastock RF, Watlington / Oxon;

S. 12: Katze mit Jungen © Reinhard-Tierfoto, Heiligkreuzsteinach;

S. 13: Junge mit Elefant © Corbis (Ariel Skelley), Düsseldorf;

S. 16: Cover und Originalillustration aus: Elisabeth Shaw, Der kleine Angsthase © Beltz & Gelberg in der Verlagsgruppe Beltz, Weinheim & Basel;

S. 20: Originalillustrationen aus: Sam McBratney & Anita Jeram, Weißt du eigentlich, wie lieb ich dich hab? © Patmos Verlag GmbH & Co. KG/ Sauerländer Verlag, Düsseldorf;

S. 21: Schwarze Katze © shutterstock, New York, NY;

S. 21: Braunes Wiesel © Alamy Images RM (Arco Images), Abingdon, Oxon;

S. 21: Weißes Wiesel © shutterstock, New York, NY;

S. 33: Cover: Piraten © Xenos Verlag, Hamburg;

S. 33: Cover: Was ist Was? Junior Band 3, Dinosaurier © Tessloff Verlag, Nürnberg;

S. 33: Cover: Was ist Was? Band 27, Pferde © Tessloff Verlag, Nürnberg;

S. 33: Cover: Martin Klein und Kerstin Meyer, Fußballgeschichten © Ravensburger Buchverlag, Ravensburg;

S. 33: Cover: Paul Maar und Tina Schulte, Das Tier-ABC © Verlag Friedrich Oetinger, Hamburg;

S. 33: Cover: Helme Heine, Freunde © Verlag Beltz & Gelberg in der Verlagsgruppe Beltz, Weinheim & Basel;

S. 38: Mädchen mit Kalb © Corbis (Randy Miller), Düsseldorf;

S. 41: Buchstabenspiel, aus: Paul Maars kleiner Flohmarkt © Friedrich Oetinger, Hamburg;

S. 42: Originalillustration aus: Janosch , Post für den Tiger © Verlag Beltz & Gelberg in der Verlagsgruppe Beltz, Weinheim & Basel;

S. 45: Comic: Schlagzeilen © United Features Syndicate Inc. Distr. by kipkakomiks.de

S. 46: Cover: Cornelia Funke, Das verzauberte Klassenzimmer, mit Illustrationen der Autorin © 1997 Loewe Verlag GmbH, Bindlach;

S. 47: Cover: Knister, Hexe Lilli und das verzauberte Fußballspiel. Illustration von Birgit Rieger © 2006 Arena Verlag GmbH, Würzburg;

S. 47: Cover: Marjorie Weinmann Sharmat und Detlef Kersten, Nick Nase und der verschwundene Schlüssel, © Ravensburger Buchverlag, Ravensburg;

S. 47: Cover: Erhard Dietl, Die Olchis werden Fußballweltmeister © Verlag Friedrich Oetinger, Hamburg;

S. 49: Cornelia Funke © Picture-Alliance (dpa), Frankfurt;

S. 49: Hörspiel-Cover: Hände weg von Mississippi © Verlag Friedrich Oetinger, Hamburg;

S. 49: Cover: Cornelia Funke, Die schönsten Erstlesegeschichten © S. Fischer Verlag, Frankfurt am Main;

S. 49: Cover: Cornelia Funke, Das geheime Wissen der wilden Hühner © JUMBO Neue Medien & Verlag GmbH, Hamburg, ISBN: 978-3895929434, www.jumbo-medien.de;

S. 49: Cover: Cornelia Funke erzählt von Bücherfressern, Dachbodengespenstern und anderen Helden © JUMBO Neue Medien & Verlag GmbH, Hamburg, ISBN: 978-3833720574, www.jumbo-medien.de;

S. 49: Cover: Cornelia Funke: Der Mondscheindrache © Loewe Verlag, Bindlach;

S. 49: Cover: Drachenreiter (Spiel) © Franckh-Kosmos Verlags-GmbH & Co.KG, Stuttgart;

S. 49: Cover: Cornelia Funke, Emma und der Blaue Dschinn © Verlag Friedrich Oetinger GmbH, Hamburg;

S. 50: Bibliothekseingang Bremen © Klettarchiv, Ute Schimmler, Bremen;

S. 50: Kinder in der Bibliothek © Gemeinde Kall;